DAYTRADING

FÜR EINSTEIGER

Ein praktischer Leitfaden zum Erlernen gewinnbringender Trading-Strategien, zum Umgang mit Geld und zur Anwendung der Trading-Psychologie.

MARK SWING

INHALT

1. Auflage

Copyright 2024 **- Mark Swing**

ISBN: 978-3-98935-625-2

Lucid Page Media (ein Imprint der Orbita Media GmbH)
Ericusspitze 4
20457 Hamburg
Deutschland

kontakt@lucidpagemedia.de

>> EINFÜHRUNG <<

Herzlichen Glückwunsch zum Kauf von *Daytrading für Einsteiger: Ein praktischer Leitfaden zum Erlernen gewinnbringender Trading-Strategien, zum Umgang mit Geld und zur Anwendung der Trading-Psychologie*. Dies ist ein Buch, das ich in einer Serie von sechs Büchern geschrieben habe. Mein Ziel ist es, jeden Anfänger zu einem erfolgreichen Trader in jeder Art von Finanzhandel, Immobilien oder Dividendenaktien zu machen, indem ich ihm zeige, wie er seine ersten Schritte macht und den nötigen Schwung bekommt. Zu diesem Zweck habe ich sechs Bücher veröffentlicht, und das Buch, das Sie gleich lesen werden, ist Nummer drei in dieser Reihe. Wenn Ihnen dieses Buch gefallen hat - und ich bin sicher, das wird es - können Sie sich auch die anderen Bücher herunterladen, denn sie sind ebenso spannend und informativ. Ich werde sie am Ende der Lektüre auflisten, zusammen mit den Links, über die Sie sie herunterladen können.

Der Handel mit finanziellen Vermögenswerten hat in diesem Jahrzehnt enorm zugenommen, da immer mehr Menschen mit dieser Kunst in Berührung kommen. Dies ist das Jahrzehnt, in dem kleinen Händlern und Privatpersonen der Handel ermöglicht wurde. In der Vergangenheit war der Handel den großen Jungs und Institutionen vorbehalten, die sich die hohen Anforderungen, z. B. ein Kapital in Millionenhöhe, leisten konnten. Dank der Broker und der Hebelwirkung, auf die wir später noch eingehen werden, kann heute jeder, der über ein Smartphone, einen Computer und ein paar Dollar verfügt, handeln.

In dem Maße, wie die Branche wächst, wachsen auch die Falschinformationen. Eine der größten Lügen, die ahnungslosen

Möchtegern-Händlern aufgetischt wird, ist, dass der Handel eine einfache Kunst sei. Angenommen, Sie haben noch nie gehandelt, dannsind Sie vielleicht schon auf eine Online-Anzeige gestoßen, die Ihnen sagt: "Handeln ist einfach. Machen Sie einfach das ABC, und Sie werden in einem Monat Millionen verdienen!" Wenn Sie jemals neugierig genug waren, eine solche Anzeige bis zum Ende zu verfolgen, lautet ihr Ziel in der Regel: "Melden Sie sich bei uns an, um Ihre Reise in den Club der Millionäre zu beginnen." Das ist alles reines Marketing-Getue.

Lassen Sie sich nicht täuschen: Trading kann einfach gemacht werden, aber es ist nicht leicht! Es gibt zwar unzählige Websites und aufdringliche Anzeigen, die Ihnen diesen Irrglauben weismachen wollen, aber jeder erfahrene Trader wie ich wird Sie eines Besseren belehren. In der Regel wird Ihnen in der Werbung vorgegaukelt, dass Sie nach der Lektüre einiger Bücher oder der Bezahlung für einige vielversprechende Online-Kurse automatisch zu einem erfolgreichen professionellen Trader werden.

Das stimmt nicht!

Um auf Nummer sicher zu gehen, sollten Sie jede Form des Handels wie jeden anderen Beruf betrachten, den Sie kennen. Sie können kein Ingenieur werden, indem Sie 200 Seiten eines teuren Buches überfliegen, das auf Amazon verkauft wird, und Sie können sich auch nicht in einer Woche zum Arzt qualifizieren, ganz gleich, wie intensiv Ihre Ausbildung ist. Genauso erfordert der Handel jeglicher Art eine ernsthafte Ausbildung, bevor jemand sein Geld auf den Tisch legen und damit Gewinne erzielen kann. Wenn Sie den Handel richtig betreiben, können Sie damit mehr Geld verdienen als mit einigen der besten Berufe, die Sie kennen. Fragen Sie sich also: Wie können Sie mehr Geld verdienen als jemand, der jahrelang studiert hat, aber alles, was Sie getan haben, war, sich für einen zweimonatigen Kurs anzumelden oder ein magisches Handelssystem für ein paar Dollar zu kaufen?

Um es kurz zu machen: Herzlichen Glückwunsch, dass Sie anders denken. Der Grund, warum Sie sich entschieden haben, diesen Schnellstart-Leitfaden zum Daytrading zu kaufen, ist, dass Sie die Ernsthaftigkeit verstehen, die der Handel erfordert.

Zu Ihrem Glück werden Sie am Ende der Lektüre alle notwendigen Konzepte verstehen, um sich auf den Weg zu einem profitablen Trader zu machen. Genau dafür wurde dieses Buch geschaffen. Bedenken Sie jedoch, dass die Lektüre dieses Buches Sie nicht sofort erfolgreich machen wird.

Vielmehr wird es Ihnen helfen, den langen Weg zum Verständnis des Daytradings zu beschreiten, und mit der Zeit werden Sie der erfolgreiche Trader werden, von dem jeder träumt.

Nachfolgend finden Sie einen Überblick darüber, wie die Kapitel im Buch aussehen werden.

Kapitel 1 wird unsere Reise zum erfolgreichen Trading einleiten, indem wir die Bedeutung des Online-Handels erläutern. Neben der Definition werden wir auch die verschiedenen Arten des Online-Handels kennenlernen und erfahren, wie man sich für die Beste entscheidet.

In Kapitel 2 werden wir uns mit einem der Märkte befassen, auf den wir die meisten unserer Strategien stützen werden - dem Devisenmarkt. Dies ist der größte Markt der Welt, und wenn wir ihn als Grundlage für dieses Buch verwenden, können wir die gleichen Konzepte auch auf andere Märkte anwenden. Es ist wichtig zu verstehen, was ein Markt mit sich bringt, wie er funktioniert und welche Rolle wir darin spielen, um beständige Gewinne zu erzielen.

In Kapitel 3 werden die vier Handelsstile vorgestellt, die beim Trading verwendet werden. Diese Stile bestimmen, wie viel Zeit ein Trader auf seinen Plattformen verbringt. Dieses Kapitel ist insofern wichtig, weil es erklärt, warum wir uns für das Daytrading entscheiden sollten, um unseren Lebensunterhalt zu verdienen, und nicht für die anderen drei Stile.

In Kapitel 4 werden die grundlegenden Instrumente beschrieben, die eine Person benötigt, um effektiv mit dem Handel zu beginnen.

Kapitel 5 enthält die grundlegenden und wichtigsten Wörter und Ausdrücke, die in der Online-Handelsbranche verwendet werden. Wenn Sie diese Begriffe verstehen, wird die Lernerfahrung einfacher und angenehmer.

In Kapitel 6 werden wir einige der am häufigsten verwendeten Handelsplattformen für den Online-Handel besprechen. Darüber hinaus werden wir uns den Metatrader 5, den wir für unsere Studie verwenden werden, in Bezug auf die Installation und einige Arten von Charts, die darin zu finden sind, ansehen.

In Kapitel 7 wird eine weitere kontroverse Debatte vorgestellt, die die Frage aufwirft: "Welcher der beiden Ansätze - fundamentale und technische Marktanalyse - ist besser?" Es wird die beiden Ansätze im Detail erläutern und erklären, warum wir uns für einen der beiden für unseren Daytrading-Leitfaden entscheiden werden.

In Kapitel 8 werden wir mit dem interessantesten und wichtigsten Ansatz beginnen, um die Charts zu analysieren und zu wissen, ob ein Instrument verkauft oder gekauft werden sollte. Wir werden die Anatomie der Candlesticks und ihre Bedeutung studieren. Darüber hinaus werden in diesem Kapitel die grundlegenden, aber sehr profitablen Candlestick-Muster vorgestellt, die beim Daytrading verwendet werden.

In Kapitel 9 geht es um ein weiteres wichtiges Konzept des Handels, nämlich Unterstützung und Widerstand. Dies sind wichtige Bereiche, mit denen jeder Trader vertraut sein muss, da sie ihm helfen, Entscheidungen über das Management seiner Geschäfte zu treffen.

In Kapitel 10 geht es um Chart-Indikatoren. Im Gegensatz zu den beiden in den Kapiteln 8 und 9 besprochenen Konzepten, die von den Fähigkeiten des Traders abhängen, werden in Kapitel 10 einige automatisierte Analysetools vorgestellt. Diese Tools helfen dem Trader, wichtige Informationen zu erkennen, die zur Genauigkeit seiner Signale beitragen können.

In Kapitel 11 werden wir ein weiteres magisches Konzept vorstellen, das den Tradern bei der Vorhersage der Zukunft des Marktes hilft, die so genannten Elliot-Wellen. Dieser Ansatz wird von den besten Tradern der Welt verwendet. Für einige jüngere Trader scheint es jedoch ein schwer zu verstehendes Konzept zu sein. In diesem Leitfaden werden die Elliot-Wellen in einfachen Worten dargestellt, damit der Leser sie verstehen und in seiner Analyse mit Leichtigkeit und Genauigkeit anwenden kann.

In Kapitel 12 wird ein weiteres beliebtes Daytrading-Muster vorgestellt, das für jede Art von Markt verwendet werden kann. Es ähnelt den Elliot-Wellen, hat aber weniger Wellen und erfordert die Verwendung eines zusätzlichen Instruments, das als Fibonacci bekannt ist, um eine korrekte Analyse durchzuführen.

Das vorletzte Kapitel, Kapitel 13, behandelt das Risikomanagement. Dies sind die bewährten Methoden, mit denen ein praktizierender Trader seine Verluste minimieren und seine Gewinne im risikoreichen Umfeld des Handels steigern kann.

In unserem letzten Kapitel geht es schließlich um das letzte Werkzeug, das ein Trader braucht: einen Handelsplan. Dies ist das einzige Werkzeug, das das Leben des Traders in perfekte Ordnung bringt und hält.

Es gibt viele Bücher zu diesem Thema auf dem Markt, daher nochmals vielen Dank, dass Sie dieses ausgewählt haben. Es wurde alles getan, um sicherzustellen, dass es so viele nützliche Informationen wie möglich enthält. Viel Spaß!

Wichtig!

Bitte beachten Sie, dass das Daytrading, wie jede andere Form des Handels, mit einem hohen Risiko behaftet ist. Die Investition oder das Kapital, das Sie für den Handel einsetzen, ist immer mit einem Verlustrisiko verbunden. Zweitens ist der Handel mit gehebelten Finanzinstrumenten möglicherweise nicht für jeden geeignet.

Vergewissern Sie sich daher schon beim Einstieg in den Online-Handel, dass Sie die in diesem Buch empfohlenen Grundlagen der Risikoverwaltung umgesetzt haben. Schließlich sollten Sie nur so viel Geld riskieren, wie Sie zu verlieren bereit sind.

KAPITEL 1
WAS IST ONLINE-HANDEL?

Nun, wir haben bereits mit unserem Daytrading-Leitfaden begonnen. In diesem Kapitel werden wir den Begriff "Daytrading" definieren, damit jeder, vor allem diejenigen, die noch nie mit dem Handel in Berührung gekommen sind, verstehen können, was der Handel mit sich bringt. Wie versprochen, wird dieses Buch Sie vom niedrigstmöglichen Punkt aus in das Daytrading einführen und Sie loslassen, wenn Sie erfolgreich mit jedem Finanzwert handeln und Gewinne erzielen können. Wenn Sie also ein erfahrener Trader sind, der sich nur für die Daytrading-Strategien interessiert, können Sie ein paar Kapitel überspringen. Ich würde Ihnen jedoch empfehlen, die ersten Kapitel zu überfliegen, da Sie vielleicht den einen oder anderen Tipp finden, der Ihre Handelserfahrung verbessern würde.

Definition von Online-Handel

Vereinfacht ausgedrückt ist Handel etwas, das wir jeden Tag tun, auch wenn wir es vielleicht nicht so nennen. Wann immer Sie etwas gegen etwas anderes eintauschen, haben Sie einen Handel getätigt. Wenn es zum Beispiel heiß ist, nehmen Sie etwas Geld und kaufen sich ein Eis, um sich abzukühlen. In diesem Fall haben Sie Ihr Geld gegen das Eis getauscht. Auch der Verkäufer hat Ihnen das Eis im Tausch gegen Ihr Geld gegeben. Kurz gesagt, können wir den Handel als den Kauf und/oder Verkauf von Dienstleistungen und Waren bezeichnen, für den der Käufer dem Verkäufer eine Gegenleistung erbringt.

Das gleiche Konzept gilt für den Online-Handel mit Wertpapieren. Damit Sie nicht durch dieses Wort verwirrt werden, ist ein "Wertpapier" jeder handelbare finanzielle Vermögenswert. Es gibt drei Kategorien von Wertpapieren:

➢ Beteiligungspapiere wie Aktien
➢ Schuldverschreibungen wie Banknoten, Kryptowährungen und Anleihen
➢ Derivate wie Optionen und Termingeschäfte

Sie werden sie im weiteren Verlauf besser verstehen. Alles, was wir handeln und besprechen werden, fällt unter eine der oben genannten Kategorien.

Der Handel mit finanziellen Vermögenswerten folgt demselben Konzept wie der Kauf von Eiscreme, nur dass diesmal keine physischen Waren oder Dienstleistungen im Spiel sind. Nehmen wir zum Beispiel Aktien. Wenn Facebook eine einzelne Aktie für 180 Dollar verkauft, bedeutet das, dass jeder, der sich dieses Geld leisten kann, ein Stück des Unternehmens besitzen kann. Wenn der Gesamtwert des Unternehmens steigt, steigt auch der Wert der Aktien. Wenn also jemand die Aktie für 180 Dollar gekauft hat und sie auf 185 Dollar gestiegen ist, kann er die Aktie verkaufen und einen Gewinn von 5 Dollar für jede Aktie erzielen, die er besitzt. Denken Sie daran, dass dies alles geschah, ohne dass Sie Facebook kontaktiert oder auch nur aufgesucht haben. Haben Sie es jetzt verstanden?

Ausgehend von der obigen Erklärung können wir nun den Online-Handel als den Kauf und Verkauf von Finanzanlagen (oder Produkten) über das Internet definieren. Trader, sowohl Käufer als auch Verkäufer, benötigen eine Online-Plattform, die sie zusammenbringt und ihren Austausch ermöglicht. Beim Online-Handel geht es um Finanzinstrumente wie Aktien, Kryptowährungen, internationale Währungen, Futures, Optionen und börsengehandelte Fonds (ETFs). Das Internet dient als Kanal, über den Käufer und Verkäufer zusammenkommen. Der Marktplatz wird von Zwischenhändlern, den sogenannten "Brokern", geschaffen. Das sind die Unternehmen, die Handelsplattformen im Internet einrichten und den Austausch zwischen den beiden Parteien ermöglichen.

Bevor es das Internet gab, mussten die Anleger ihre Broker persönlich aufsuchen oder sie anrufen. Die Broker versorgten die Anleger mit Informationen wie der Handelszeit und dem Preis der gewünschten Finanzinstrumente. Danach konnte der Anleger entscheiden, ob er die Instrumente kaufen wollte oder nicht. Wenn er sie kaufen wollte, wies er die Broker an, die Aufträge für ihn zu erteilen. Sobald sie Gewinne erzielt hatten, holte der Broker das Geld ab und bezahlte die Trader physisch. Wenn die Trader Verluste machten, gaben sie das Geld dem Broker, der es für sie hinterlegte, damit sie in Zukunft wieder handeln konnten. So langwierig und mühsam war der traditionelle Handel vor dem Internetzeitalter.

Heute ist der Handel zu einer Selbstbedienung geworden. Ein Anleger kann alles bequem von zu Hause aus erledigen. Mit einem Computer kann jeder auf Marktinformationen zugreifen, sein Geld einzahlen, Geschäfte abschließen und seine Gewinne abheben, ohne dass Dritte beteiligt sind. Allerdings ist ein Broker erforderlich, da er die für diese Vorgänge erforderlichen Plattformen bereitstellt.

Arten von Handelsmärkten

Wie Sie vielleicht schon bemerkt haben, ist der Handel eine sehr breit gefächerte Branche. Wenn Sie sich entschließen, mit dem Daytrading zu beginnen, müssen Sie sich für einen oder mehrere Märkte entscheiden, mit denen Sie handeln wollen. Das liegt daran, dass sich jeder Markt anders verhält und möglicherweise andere Anforderungen stellt. Dennoch können die Handelsmethoden, die Sie erlernen werden, auf jedem Markt Ihrer Wahl angewendet werden. Die Hauptunterschiede zwischen den verschiedenen Märkten liegen in der Art des gehandelten Vermögenswerts, dem Volumen (Größe des Marktes), der Volatilität (der Rate der Preisänderungen) und der Höhe des erforderlichen Investitionskapitals.

Sehen wir uns einige der wichtigsten Märkte an, aus denen Sie wählen können.

1. Der Devisenmarkt

Der Devisenmarkt (Forex) ist heute der größte Finanzmarkt der Welt. Der Name "Forex" setzt sich aus den Worten "Foreign" und "Exchange" zusammen. Beim Devisenhandel machen Sie einfach Geld, indem Sie eine Währung in eine andere umtauschen. Sie können zum Beispiel US-Dollars verwenden, um japanische Yen (JPY) zu kaufen. Wenn der Wert des USD steigt oder der des JPY sinkt, können Sie mit diesem Tausch Gewinne erzielen. Wir werden uns näher mit dem Devisenmarkt befassen, da er die Grundlage für unsere Strategien bilden wird, da er der am meisten gehandelte Markt der Welt ist und die Strategien, die beim Handel mit Währungen angewandt werden, auch auf jedem anderen Markt verwendet werden können.

2. Der Aktienmarkt

Der Aktienmarkt ist der älteste Finanzmarkt und existierte bereits Jahrzehnte vor der Entstehung des Devisenmarktes. Heute ist er immer noch sehr beliebt, obwohl er dem Devisenmarkt bei weitem hinterherhinkt. Beim Aktienhandel kauft und verkauft man einfach die Aktien eines bestimmten Unternehmens wie Google, Amazon, Shell, Facebook, Bing und so weiter. Zusätzlich zu den Aktien ermöglicht der Aktienhandel auch den Handel mit Indizes wie:

- *DAX 40*: Dies ist eine Sammlung der 40 größten Unternehmen in Deutschland, die an der Frankfurter Wertpapierbörse notiert sind.
- *FTSE 100*: Dies ist eine Sammlung der 100 größten Unternehmen, die an der Londoner Börse notiert sind.
- *S&P 500*: Dies ist eine Sammlung der 500 meistgehandelten Aktien (Anteile) in den Vereinigten Staaten.
- *Dow Jones*: Dies ist eine Sammlung von 30 der größten und einflussreichsten Unternehmen in den Vereinigten Staaten.
- *Hang-Seng*: Dies ist eine Sammlung der 50 bestplatzierten Unternehmen, die an der Hongkonger Börse notiert sind.

> *NASDAQ Composite*: Dies ist eine Sammlung der weltweit führenden Technologieunternehmen.

Beim Aktienhandel ist der Wettbewerb härter als beim Devisenhandel. Auch hier gilt, dass je nach Land, in dem man ansässig ist, ein Mindestbetrag an Kapital erforderlich sein kann. In den USA zum Beispiel sollte man mindestens 25.000 Dollar auf dem Konto haben. Aus diesem Grund könnte der Aktienhandel für Anfänger, die nur über ein begrenztes Kapital verfügen, ungünstig sein.

3. Der Futures-Markt

Wie der Name schon sagt, werden auf dem Terminmarkt Geschäfte für die Zukunft getätigt. Besser gesagt, es handelt sich um eine Vertragsform, bei der sich Verkäufer und Käufer darauf einigen, einen Handel zu einem bestimmten Datum und Preis in der Zukunft durchzuführen. Der Handel mit Termingeschäften betrifft vor allem Rohstoffe wie Edelmetalle, Öl und Lebensmittel.

Die Idee von Terminkontrakten ist es, das Risiko und die Unvorhersehbarkeit zu minimieren. Wenn Sie zum Beispiel wissen, dass Sie in einigen Wochen 1 Kilogramm Gold geschürft haben werden, können Sie mit einem Käufer vereinbaren, es zum aktuellen Goldpreis zu kaufen, solange es für Sie rentabel ist. Wenn Sie das Gold in der Hand haben, erhalten Sie den vereinbarten Preis, unabhängig davon, ob der Goldpreis derzeit steigt oder fällt. Auf diese Weise sind die Gewinne garantiert, und das Risiko wird minimiert.

Ähnlich verhält es sich auf dem Terminmarkt: Sie kaufen einen finanziellen Vermögenswert online und verkaufen ihn erst nach einer bestimmten Zeit oder nachdem er in der Zukunft einen bestimmten Wert erreicht hat.

Genau wie bei den Aktienmärkten ist für den Handel mit Futures viel mehr Geld erforderlich als für den Devisenhandel und einige der anderen Märkte. Im Durchschnitt benötigen Sie einige Tausend Dollar, um mit Futures handeln zu können, obwohl dies von der Art des von Ihnen gewählten Futures-Kontrakts abhängt. Für den Handel mit dem S&P 500 benötigen

Sie zum Beispiel mindestens 3.500 Dollar. Auch die Flexibilität ist gering, da man möglicherweise einen Kontrakt schließen muss, bevor man einen anderen ausführt.

4. Der Optionsmarkt

Die Optionsmärkte sind im Vergleich zu den drei oben genannten Märkten recht neu. Bei Optionen handelt es sich um einfache Finanzderivate, bei denen ein Vertrag es dem Trader ermöglicht, ein Instrument innerhalb eines bestimmten Zeitraums oder während eines bestimmten Zeitraums zu kaufen oder zu verkaufen. Der Verkäufer ist verpflichtet, das Geschäft zu erfüllen, indem er seine Instrumente vor dem festgelegten Verfallsdatum entweder kauft oder verkauft.

Der Handel mit Optionen gilt als risikoreich, weil der Verfallstermin festgelegt ist. Bei der Ausführung eines Optionsgeschäfts kann man entweder CALL, d.h. zum aktuellen Kurs kaufen, oder PUT, d.h. zum aktuellen Kurs verkaufen. Beispiele für handelbare Optionen sind Mini-Optionen, Index-Optionen, Aktien-Optionen, S&P-Optionen und so weiter. Einige dieser Instrumente sind jedoch beim Daytrading unter Umständen nicht möglich.

5. Der Kryptomarkt

Der Markt für Kryptowährungen ist die neueste Art des Online-Handels. Kryptowährung bezeichnet digitales Geld, das auf dem Internet basiert und kryptografische Funktionen nutzt, um finanzielle Transaktionen zu ermöglichen. Da diese Währung nicht reguliert ist, ist sie eher riskant und anfällig für Schwankungen. Nichtsdestotrotz hat sie in letzter Zeit stark an Popularität gewonnen. Daher kann sie wie Fiat-Währungen gehandelt werden.

Bitcoin ist zum Zeitpunkt der Erstellung dieses Buches die beliebteste und wertvollste Kryptowährung. Andere Kryptowährungen sind Dash, Etherium, Ripple und Litecoin. Diese können ähnlich wie die Devisenmärkte gehandelt werden, da es sich um Geldformen handelt, d. h. Sie können durch den

Tausch von Währungen gegen Kryptowährungen Gewinne erzielen.

Der Markt für Kryptowährungen entwickelt sich aufgrund mehrerer Faktoren zu einer großen Einheit im Online-Handel. Einer von ihnen ist die hohe Volatilität der Währungen. Der zweite Grund ist, dass der Handel mit Kryptowährungen, genau wie der Devisenhandel, sehr wenig Kapital erfordert. Ein weiterer Grund ist, dass sie leicht zugänglich sind und ohne einen Broker gehandelt werden können.

6. Der Markt für binäre Optionen

Die letzte Art von Online-Handelsmarkt, die wir besprechen werden, ist als binäre Optionen bekannt. Es handelt sich dabei um eine recht interessante Form des Handels, bei der Sie lediglich vorhersagen müssen, ob ein Instrument nach einer bestimmten Zeit höher oder niedriger gehandelt wird. Besser gesagt, wenn der aktuelle Goldpreis 1.500 $ beträgt, können Sie vorhersagen, dass er nach 15 Minuten höher oder niedriger sein wird. Wenn Ihre Vorhersage richtig ist, wächst Ihr Kapital. Wenn die Vorhersage falsch ist, verlieren Sie den Betrag, den Sie eingesetzt haben.

Der Handel mit binären Optionen entwickelt sich schnell zu einem beliebten Markt für Daytrader, da er mit einem Ablaufdatum versehen ist. Darüber hinaus kann man mit fast jedem Finanzinstrument auf dem Markt handeln. Ein weiterer Vorteil von binären Optionen ist, dass das erforderliche Kapital sehr gering ist, da einige Broker den Tradern erlauben, einen Dollar oder weniger pro Handel einzusetzen. Und schließlich ist dies der einzige Markt, bei dem man schon vor dem Abschluss eines Geschäfts weiß, wie viel man gewinnen oder verlieren kann.

Ihren Markt wählen

Wie bereits erwähnt, können die Daytrading-Strategien, die wir in diesem Buch untersuchen werden, in jeder Art von Markt verwendet werden. Es ist jedoch Sache des einzelnen Traders, zu entscheiden, auf welche Art von Markt er sich konzentrieren möchte. Sie können mehr als einen Markttyp wählen, aber das könnte am Ende zu langweilig und verwirrend werden. Wenn wir also tiefer in das Buch einsteigen, können Sie die Strategien für verschiedene Märkte ausprobieren, sodass Sie am Ende eine Entscheidung getroffen haben.

Einige Faktoren, die Ihnen bei der Wahl Ihres bevorzugten Marktes helfen können, sind:

➢ *Zugänglichkeit*: Vergewissern Sie sich, dass die von Ihnen gewählte Art von Markt in Ihrem Land verfügbar ist, oder dass es Broker gibt, die Sie nutzen können. Je näher ein Broker in Ihrem Land ist, desto besser.

➢ *Ressourcen*: Verschiedene Märkte haben unterschiedliche Anforderungen. Zum Beispiel können Sie binäre Optionen von einem Telefon aus handeln, aber Aktien und Forex sind am besten mit einem Computer zu handeln. Kurz gesagt: Wählen Sie, was für Sie machbar ist.

➢ *Kapital*: Dieser Aspekt wurde bereits mehrfach erwähnt. Sie sollten sich nur für den Markt entscheiden, von dem Sie sicher sind, dass Sie ihn ohne Probleme finanzieren können. Forex und Kryptowährungen sind die beste Wahl, wenn Sie wenig riskieren wollen.

➢ *Volatilität*: Die Volatilität ist das Ausmaß der Kursschwankungen, die ein Instrument innerhalb eines bestimmten Zeitraums erfährt. Da wir uns auf das Daytrading konzentrieren werden, sollten Sie nach Märkten Ausschau halten, die sich im Laufe des Tages stark bewegen, damit Sie genügend Möglichkeiten haben, Gewinne zu erzielen.

➢ *Liquidität*: Dies ist die Möglichkeit, ein Finanzinstrument zu verkaufen oder zu kaufen, ohne dass der Preis beeinflusst wird. Eine hohe Liquidität bedeutet, dass Sie an einem Tag mehr Geschäfte tätigen können.

➢ *Persönlichkeit*: Dies ist ein sehr wichtiger Faktor, den Sie bei der Auswahl Ihrer Märkte berücksichtigen sollten. Vielleicht finden Sie Aktien ansprechender als binäre Optionen oder Terminkontrakte. Wählen Sie, was Sie interessant finden, denn das ist Ihr erster Schritt zu einem erfolgreichen Daytrading.

Bis zu diesem Punkt sollten Sie ein klares Verständnis davon haben, was den Online-Handel ausmacht und welche verschiedenen Märkte Sie wählen können. Es ist vielleicht noch zu früh, um zu entscheiden, was Sie wollen, aber die Dinge werden sich klären, wenn wir mit dem eigentlichen Handel beginnen und Sie auf einigen dieser Märkte üben. Wenn dies der Fall ist, lassen Sie uns im nächsten Kapitel herausfinden, was Daytrading bedeutet.

KAPITEL 2
WAS IST DEVISENHANDEL?

Im vorigen Kapitel haben wir gesehen, dass der Devisenmarkt der größte und meistgehandelte Markt ist. Es wäre daher nicht falsch, wenn wir zu dem Schluss kämen, dass sogar die Mehrheit derjenigen, die dieses Buch herunterladen, am Ende auf diesem gigantischen Markt handeln werden. Der Punkt, auf den wir hier hinauswollen, ist, dass der Devisenmarkt die Grundlage unseres Leitfadens bildet. Wir werden uns in erster Linie auf ihn konzentrieren und die Strategien vorstellen, die unseren Erfolg als Daytrader garantieren werden.

Wie wir bereits gesagt haben, sind der Aktienmarkt, der Futures-Markt, der Optionsmarkt, der Kryptowährungsmarkt und die anderen Märkte zwar unabhängige Handelsarten, aber sie verwenden alle denselben Ansatz. Ein gutes Beispiel dafür ist, dass alle Charts, die wir für unsere Analyse im Forex-Daytrading verwenden, sogenannte Candlesticks, Fundamentalanalysen und Indikatoren enthalten. Diese sind hilfreich, um die Märkte zu lesen und zu verstehen, wo es eine beständige Bewegung des Preises gibt (wir nennen es einen Trend), wo der Markt wahrscheinlich abprallen und steigen wird (wir nennen es Unterstützung), und so weiter. Die gleichen Instrumente und Ansätze werden auch bei der Analyse und dem Handel mit allen anderen Märkten verwendet.

Bei Aktien werden die Charts mit denselben Candlesticks, Indikatoren und Fundamentalanalysen analysiert. Das Gleiche gilt für den Markt für Kryptowährungen. Wenn es einschneidende Nachrichten gibt, werden die Kryptowährungsmärkte sehr volatil sein. Das Gleiche gilt für die

Märkte für ETFs und binäre Optionen. Wenn wir uns entschließen würden, für jeden unserer Märkte einen eigenen Leitfaden zu verfassen, würden wir nicht nur ein riesiges Buch bekommen, das wir nie zu Ende lesen würden, sondern der Inhalt würde sich auch wiederholen, weil sie alle die gleichen Konzepte verwenden. Glauben Sie also nicht, dass wir uns zu sehr auf Forex konzentriert und die anderen Märkte ausgelassen haben.

Definition von Devisenhandel

Haben Sie schon einmal Dollar oder eine andere Währung in eine andere Währung umgetauscht? Sie hatten zum Beispiel Dollar und sind zu einem Devisenbüro oder einer Bank gegangen, wo man Ihnen Pfund, Yen oder etwas anderes gegeben hat. Vielleicht hatten Sie auch eine Kryptowährung in Ihrer Online-Wallet und haben sie in eine Währung umgewandelt, die Sie abheben und ausgeben können. Wenn Sie eine dieser Fragen mit "Ja" beantwortet haben, dann haben Sie bereits am Devisenhandel teilgenommen. Als Sie Ihr Geld zum Geldwechsler brachten, wurde Ihnen ein kleiner Betrag in Rechnung gestellt, und Sie bekamen die andere Währung, die Sie wollten. Das ist das Gleiche, was auf dem Online-Devisenhandelsmarkt passiert.

Beim Online-Handel gibt es jedoch ein paar Unterschiede. Erstens tauschen Sie kein physisches Bargeld mit jemandem aus. Der Austausch findet vielmehr auf speziellen Handelsplattformen statt, auf die wir später noch eingehen werden. Zweitens können Sie sich beim Online-Handel Geld von Ihrem Broker leihen, um mehr Währungen zu kaufen (oder zu tauschen), als Ihnen Ihr Kapital erlauben würde. Drittens können Sie so viele Umtauschvorgänge durchführen, wie Sie möchten, indem Sie einfach auf eine Schaltfläche klicken, während Sie in Ihrem Wohnzimmer sitzen oder sich am Strand abkühlen. Und schließlich machen Sie beim Devisenhandel, anders als beim Umtausch von Bargeld, keine Gewinne (im Gegenteil, Sie machen sogar Verluste, wenn man bedenkt, was die Wechselstuben dafür verlangen). Klingt interessant, nicht wahr?

Aus der obigen Erklärung geht hervor, dass der Devisenhandel eine Form des Handels ist, bei der die Währung eines Landes gegen die Währung eines anderen Landes notiert wird. Sobald wir mit dem Handel beginnen, werden Sie viele dieser nebeneinanderstehenden Notierungen sehen. Wenn wir den US-Dollar gegen den Euro eintauschen, schreiben wir ihn als EURUSD. Wenn jemand sagt, dass der EURUSD-Kurs bei 1,505 liegt, bedeutet das einfach, dass 1 Euro 1,505 US-Dollar entspricht. Ähnlich verhält es sich, wenn man sagt, dass der Preis von EURJPY 135,10 beträgt, dann bedeutet das, dass 1 Euro 135,10 japanischen Yen entspricht.

Der Devisenmarkt ist deshalb so interessant, weil er nicht wie Futures und Aktien an einer zentralen Börse gehandelt wird. Der DAX 40 wird an der Frankfurter Börse und der S&P 500 in New York gehandelt. Der Devisenmarkt hat jedoch keinen zentralen Ort, sondern arbeitet mit einer Methode, die als "Over the Counter" (OTC) bekannt ist, d. h. er wird nicht in einem regulierten Umfeld abgewickelt. Das Ziel dieses riesigen Marktes ist es, Ländern, Regierungen, Zentralbanken, Unternehmen und anderen internationalen Tradern einen schnellen und einfachen Weg zu bieten, um Währungen zu konvertieren und Geschäfte mit anderen Nationen auf der ganzen Welt zu tätigen.

Wie Sie sehen, wurde der Devisenmarkt nicht nur geschaffen, damit Menschen handeln können. Vielmehr ist er für große Akteure gedacht, die von Zeit zu Zeit Währungen tauschen müssen. Kleinere Trader wie wir nutzen die Veränderungen der Wechselkurse, um Gewinne zu erzielen, indem sie die Richtung der Wechselkurse einschätzen. Wir müssen lediglich vorhersagen, ob der Wechselkurs einer bestimmten Notierung steigen oder fallen wird, und dann abwarten und beobachten. Zurück zum EURUSD: Wenn der aktuelle Kurs bei 0,9030 liegt und wir aufgrund unserer Analyse glauben, dass der Euro gegenüber dem Dollar an Wert verlieren wird, verwenden wir den Dollar, um einige Euros zu kaufen. Auf dem Markt nennen wir das Verkaufen. Wenn der Kurs unter 0,9030 fällt, machen wir Gewinne, je weiter er von diesem Wert abweicht. Steigt der Kurs hingegen über 0,9030 machen wir Verluste.

Umgekehrt werden wir, wenn wir erwarten, dass der Euro gegenüber dem Dollar an Wert gewinnt, den Euro verwenden, um einige Dollar zu kaufen. Dies wird als Kauf bezeichnet. Wenn der Kurs über 0,9030 steigt, werden wir anfangen, Gewinne zu machen, und je höher er steigt, desto mehr machen wir. Wenn unsere Analyse falsch war und der Kurs zu sinken beginnt, dann werden wir Verluste machen, und je tiefer er fällt, desto mehr verlieren wir.

Die wichtigsten Teilnehmer am Devisenmarkt

Nachdem Sie nun ein klares Verständnis davon haben, was der Devisenhandel mit sich bringt, lassen Sie uns einen Blick auf die Teilnehmer werfen. Das sind die Parteien, die für die Preisveränderungen in jeder Mikrosekunde verantwortlich sind.

Die erste Gruppe von Marktteilnehmern wird als Market Maker bezeichnet. Zu dieser Gruppe gehören internationale Banken, die über genügend Geld verfügen, um Veränderungen der Marktpreise zu bewirken. Wenn sie beschließen, eine Währung zu kaufen, kaufen sie so viel davon, dass sich ihr Angebot auf dem Markt verringert und sie an Wert gewinnt. Wenn sie eine Währung verkaufen, wird das Angebot auf dem Markt gesättigt, sodass der Wert der Währung sinkt. Wahrscheinlich verstehen Sie, warum sie Market Maker genannt werden.

Die zweite Gruppe ist als multinationale Unternehmen bekannt. Sie besteht aus den größten Unternehmen der Welt. Diese Gruppe ist für den eigentlichen Umtausch von einer Währung in eine andere zuständig, da sie verschiedene Währungen benötigen, um Geschäfte mit anderen internationalen Unternehmen zu tätigen. Neben dem Devisenhandel sind sie auch im Aktienhandel und auf dem Futures-Markt beliebt.

Die dritte Gruppe wird als Spekulanten bezeichnet. Sie nutzen den Markt anders als die multinationalen Unternehmen und die Market Maker, denn ihr Ziel ist es, die Richtung des Marktes vorherzusagen. Sie verdienen ihr Geld, indem sie auf mögliche Kursrichtungen "wetten". Zu dieser Gruppe gehören u.a. Hedge-Fonds, Geschäftsbanken und Berater für den Rohstoffhandel.

Die vierte Gruppe besteht aus Zentralbanken aus der ganzen Welt. Sie sind dafür verantwortlich, die Volkswirtschaften ihrer Länder stabil zu halten, indem sie ihre Währungen regulieren. Zu diesem Zweck steuern sie die Art und Weise, wie ihre Währungen gehandelt werden. Wenn sie feststellen, dass das Angebot zu groß ist, kaufen sie die Währung auf, um die Nachfrage zu erhöhen und so den Wert zu steigern. Wenn sie feststellen, dass ihre Währung zu Spekulationszwecken verwendet wird, was sie hassen, greifen sie ein, um den Markt zu manipulieren, damit der Wert stabil bleibt.

Die letzte Gruppe wird als Einzeltrader bezeichnet. Hier werden Einzelpersonen wie wir und kleine Handelsunternehmen eingeordnet. Wir sind nicht in der Lage, den Markt zu manipulieren, also ist alles, was wir tun, die Entwicklung der Preise vorherzusagen und daraus Gewinne zu erzielen. In gewisser Weise sind wir Kleinspekulanten. Dies ist die risikoreichste Gruppe, da sie keine Macht über den Markt hat und daher anfällig für plötzliche Marktbewegungen ist, die von den großen Akteuren verursacht werden. In der Tat sind die großen Akteure dafür bekannt, dass sie unser Geld "jagen", wenn wir handeln.

Unsere Rolle als Einzeltrader

Obwohl sie am unteren Ende der Handelshierarchie angesiedelt sind, sind die Einzeltrader so zahlreich, dass sie gemeinsam den Markt bewegen können. Das Problem ist, dass es zu viele von uns gibt und jeder von uns den Markt anders versteht, sodass wir unsere Ressourcen nicht bündeln und die Preise bewegen können. Kurz gesagt, einige von uns werden kaufen, während andere verkaufen. Andere werden warten, während andere handeln. Manchmal, wenn wir einsteigen, steigen andere wieder aus. Langfristig sind wir ohne Ordnung überall zu finden.

Das oben beschriebene Phänomen macht uns zur Beute aller großen Akteure. Da sie das Privileg haben, die Preise bewegen zu können, bewegen sie die Preise gegen uns und nehmen unser Geld. Im Gegensatz zu den Einzeltradern verfügen die großen

Akteure über mehr Marktinformationen, z. B. darüber, wo die Einzeltrader die meisten Geschäfte getätigt haben. Wenn sie erkennen, dass es sich bei den Geschäften in dieser Zone um "Kauf"-Aufträge handelt, führen sie große "Verkaufs"-Aufträge aus, und die Einzeltrader machen am Ende Verluste.

Dies mag zwar wie etwas Schlechtes erscheinen, aber wenn Sie die Sichtweise der großen Akteure auf den Markt verstehen, können Sie Gewinne erzielen, wenn sie ihre Züge machen. Dies ist einer der Gründe, warum Sie hochwertige Daytrading-Informationen benötigen, und genau dafür wurde dieses Buch gemacht. Die Strategien, die wir studieren werden, ermöglichen es uns zu wissen, wann die Kurse wahrscheinlich steigen, sinken oder stagnieren werden, und wann man sich von den Märkten fernhalten sollte.

Wir werden die gleichen Instrumente verwenden wie die großen Akteure und versuchen, wie sie zu denken. Das nennt man Marktanalyse. Auf diese Weise werden Sie in der Lage sein, vorherzusagen, wann die großen Jungs im Begriff sind, eine große Bewegung zu machen, die die Preise erheblich bewegen wird. Während uninformierte Trader Verluste erleiden, werden Sie mit der Mehrheit mitschwimmen und als Daytrader beständige Gewinne erzielen.

KAPITEL 3
DIE VIER WICHTIGSTEN HANDELSSTILE

In der Welt des Handels gibt es eine nicht enden wollende Debatte darüber, ob der kurzfristige oder der langfristige Handel am besten ist. Beim kurzfristigen Handel, der auch als aktiver Handel bezeichnet wird, wird nur für kurze Zeiträume gehandelt, die von Sekunden bis maximal einem Tag reichen. Zu dieser Art des Handels gehören Scalping und Daytrading. Beim langfristigen Handel, der auch als "Buy-and-Hold-Trading" bezeichnet wird, wird über einen längeren Zeitraum gehandelt, der von einigen Tagen bis zu Monaten und sogar Jahren reichen kann. Zu dieser Kategorie gehören der Swingtrading und der Positionshandel. Die Trader beider Kategorien behaupten, dass ihr Stil der beste ist, und sie geben dafür gute Gründe an.

Im Folgenden wollen wir uns die vier wichtigsten Handelsstile ansehen und später erklären, warum wir uns für das Daytrading entschieden haben.

Aktive Handelsstile

Scalping

Der Scalping-Handel ist die schnellste Strategie, die aktive Trader anwenden. Beim Scalping geht eine Person einen Handel ein und verlässt ihn innerhalb von Sekunden oder wenigen Minuten. Kurz gesagt, sie versuchen, die geringsten Preisänderungen auszunutzen und den Handel zu verlassen, ohne dass das Risiko der Zeit auftritt. Dieser Stil ist auf den Märkten für binäre Optionen und Devisen sehr beliebt.

Aufgrund der schnellen Ein- und Ausstiegszeiten machen Scalper nur geringe Gewinne. Daher müssen sie möglicherweise mehrmals am Tag handeln, um ihre Ziele zu erreichen oder genug Geld zu verdienen. Außerdem bevorzugen sie sehr volatile Märkte mit hoher Liquidität, da sie plötzliche große Kursbewegungen benötigen, um beim Scalpingerfolgreich zu sein.

Daytrading

Die zweite Art des aktiven Handels ist das Daytrading. Dabei handelt es sich um einen Handel, der am selben Tag eröffnet und geschlossen wird, d. h. er bleibt nicht über Nacht bestehen. Daytrading ist der beliebteste und bekannteste Handelsstil. Es ist bekannt, dass Market Maker und Einzeltrader diese Methode vor allen anderen bevorzugen.

Im Gegensatz zu Scalpers nehmen sich Daytrader mehr Zeit für ihre Trades und können diese den ganzen Tag über steuern. Dieser Handelsstil ist langsamer und profitiert von den untertägigen Kursbewegungen, die moderat sind, auch wenn die Kursschwankungen bei großen wirtschaftlichen Ereignissen rasant sein können.

Buy-and-Hold-Handelsstile

Swingtrading

Swingtrading ist die häufigste Strategie im Buy-and-Hold-Handel. Hier identifiziert ein Trader eine Handelsmöglichkeit und hält sie mehrere Tage lang, bevor er sie schließt. Sein Ziel ist es, im Gegensatz zum Scalper und Daytrader, große Kursbewegungen zu erwischen und auszunutzen. Swingtrading erfordert mehr Erfahrung und Geduld als jede andere Form des aktiven Handels.

Bei diesem Handelsstil überprüft der Trader seine Charts nur ein paar Mal am Tag. Sobald ein Handel eröffnet wurde, muss er nur ein paar Mal, vielleicht zweimal, nachsehen, wie sich seine

Geschäfte entwickeln. Auch hier ist die Analyse, die für das Swingtrading erforderlich ist, anspruchsvoller, da man in der Lage sein muss, vorauszusehen, wann eine neue Bewegung bevorsteht und wann sie voraussichtlich endet.

Positions-/Trendhandel

Die zweite Art des "Buy-and-Hold"-Handels wird als Positions- oder Trendhandel bezeichnet. Dabei werden Geschäfte ausgeführt und über Wochen, Monate oder Jahre laufen gelassen. Die Trader verwenden größere Zeitrahmen für die Analyse ihrer Charts, um langfristige Kursrichtungen zu finden. Positionstrader mögen keine starken Kursschwankungen, sondern einen Kurs, der sich langsam und allmählich in ihre Richtung bewegt.

Der Positionshandel wird meist von Parteien genutzt, die über große Geldbeträge verfügen, wie z. B. Spekulanten und Hedgefonds.

Vorteile des Daytradings

In unserem Buchtitel wurde bereits erwähnt, dass wir uns mit dem Daytrading beschäftigen werden. Daher werden alle Trades, die Sie eröffnen, ob in Kryptowährungen, Devisen, binären Optionen, Optionen, ETFs oder Futures, am selben Tag geschlossen. Ich betreibe das Trading seit mehr als einem Jahrzehnt und musste alle vier Handelsstile ausprobieren, bevor ich mich für das Daytrading entschieden habe. Ich kam zu dem Schluss, dass Scalping zu mühsam und zu riskant ist, ganz zu schweigen von der emotionalen Überlastung nach dem Platzieren von Trades im Sekundentakt. Swing- und Positionshandel hingegen waren zu langweilig für einen ungeduldigen Menschen wie mich, der seine Rechnungen ausschließlich vom Handel bezahlen musste.

Hier sind einige der Gründe, warum ich mich für das Daytrading entschieden habe.

1. Einfacher Einstieg

Für das Daytrading braucht man nur die nötigen Fähigkeiten, einen Computer oder ein Smartphone, ein wenig Geld und einen bequemen Arbeitsplatz. Die Fähigkeiten zu erwerben ist so einfach, wie einen Mentor zu finden, der schon seit einiger Zeit in der Branche tätig ist (wie Sie es mit dem Kauf dieses Buches getan haben) und sich von ihm die profitablen Methoden zeigen zu lassen. Sie können sich das Wissen auch durch Übung und Erfahrung aneignen, indem Sie Unmengen von Büchern lesen und Videos ansehen. Dies kann jedoch zeitaufwändig und teuer sein, da die meisten Informationen zu vage sind.

Zweitens: Da die Handelspositionen eines Daytraders klein sind, brauchen Sie nicht viel Geld, um anzufangen. Beim Swing und Positionshandel geht es darum, auf großen Kursbewegungen zu reiten, was auch mit der Belastung verbunden ist, genügend Kapital zu beschaffen. Beim Daytrading hingegen brauchen Sie nur ein paar Dollar, und schon sind Sie auf dem besten Weg, mit dem Handel Geld zu verdienen.

2. Geringere Risiken

Der zweite Vorteil des Daytradings ist, dass es weniger Risiken birgt. Erstens wird aufgrund der kurzen Zeit, die für das Halten von Positionen benötigt wird, empfohlen, nur einen kleinen Prozentsatz des Kontos zu riskieren. Im Falle von Verlusten ist nur ein kleiner Betrag verloren. Zweitens kann man beim Daytrading mehrere Positionen innerhalb eines Tages eröffnen. Wenn einige der Positionen zu Verlierern werden, können sie geschlossen und die gewinnbringenden Positionen weitergeführt werden. Im Gegensatz dazu haben Swing- und Positionstrader in der Regel nur sehr wenige Handelsmöglichkeiten. Wenn sich die Geschäfte als Verlierer erweisen, haben sie daher keine Gewinngeschäfte, um den Verlust auszugleichen.

3. Tägliche Gewinne

Wie fühlt es sich an, jeden Tag mit einem bereits bezahlten Gehalt zu beenden? Beim Daytrading ist das möglich. Da alle Geschäfte am Ende des Tages abgeschlossen werden müssen, wissen Sie schon vor dem Schlafengehen, wie viel Sie verdient oder verloren haben. Daytrader können daher ruhiger schlafen als langfristige Trader, die unter Umständen Tage oder Monate warten müssen, bevor sie wissen, was mit ihren Geschäften passiert ist.

4. Mehr Möglichkeiten

Sobald wir mit der Analyse der Charts beginnen, werden Sie dies besser verstehen. Trader verwenden zur Analyse ihrer Charts sogenannte "Zeitrahmen". Scalper verwenden die kleinsten Zeitrahmen, die von 1 Minute bis zu 5 Minuten reichen können. Daher können sie an einem Tag Dutzende oder Hunderte von Gelegenheiten finden. Daytrader verwenden 15-Minuten-Charts bis hin zu 1 Stunde, was bedeutet, dass sie Dutzende von Gelegenheiten erhalten. Bei den größeren Zeitrahmen wie Tages, Wochen und Monatscharts sind die Handelsmöglichkeiten möglicherweise geringer.

5. Geringere Transaktionskosten

Im nächsten Kapitel werden Sie erfahren, dass Broker einen winzigen Betrag dafür verlangen, dass sie Tradern Marktdaten und Handelsplattformen zur Verfügung stellen. Jedes Mal, wenn Sie einen Handel abschließen, wird ein kleiner Betrag berechnet. Sie werden feststellen, dass einige Broker einen zusätzlichen Betrag für Trades berechnen, die über Nacht laufen. So wird für einen Handel, der über mehrere Tage läuft, täglich etwas berechnet. Auf lange Sicht kann sich dieser Betrag ansammeln und die Gewinne oder das Kapital schmälern. Daytrader hingegen werden nicht belastet, da sie keine Geschäfte über Nacht abschließen.

6. Vertrautheit mit den Märkten

Der letzte Vorteil des Daytradings besteht darin, dass der Lernende durch die lange Beschäftigung mit den Charts mit den Kursbewegungen auf den Märkten vertraut wird. Kurz gesagt, man lernt die einzelnen Instrumente, mit denen man handelt, zu verstehen. Ich habe festgestellt, dass dies zutrifft, da ich weiß, wie sich einige Aktien und Währungen bei der Markteröffnung, vor wichtigen Nachrichten und vor Kursveränderungen verhalten. All dies hat dazu beigetragen, meine Gewinne zu steigern und meine Verluste zu verringern.

Nachteile des Daytradings

Ich bin gerne ehrlich zu allem. In diesem Zusammenhang möchte ich darauf hinweisen, dass Daytrading zwar der perfekte Handelsstil zu sein scheint, aber auch seine eigenen Nachteile hat.
Schauen wir sie uns an.

1. Höhere Wahrscheinlichkeit von Verlusten

Daytrading kann sehr riskant sein, vor allem für ungeschulte oder uninformierte Trader. Da wir innerhalb eines Tages eine Vielzahl von Geschäften tätigen, würde es Ihrem Konto erheblichen Schaden zufügen, wenn alle oder die Mehrheit von ihnen Verlierer wären. Machen Sie sich jedoch keine Sorgen, denn dieses Buch soll Sie informieren, damit Sie auf der Gewinnseite bleiben können.

2. Mühsam

Das Trading ist ein sehr interessanter Beruf, denn man kann sich hinsetzen, Charts analysieren und zusehen, wie sein Geld wächst. Wenn man es jedoch übertreibt, kann es, wie alles andere auch, ermüdend sein. Jeder Handel erfordert eine gründliche Analyse; je mehr Geschäfte Sie tätigen, desto wahrscheinlicher ist es, dass Sie ausbrennen. Dies lässt sich vermeiden, indem man bestimmte Zeiten für den Handel festlegt und einige wenige Instrumente zur Analyse verwendet.

3. Preisschwankungen

Die Preise aller Finanzinstrumente ändern sich jede Mikrosekunde. Die Änderungsrate kann von Markt zu Markt unterschiedlich sein. Zum Beispiel schwanken Aktien weniger als Währungen. Die Veränderungsrate wird umso deutlicher, je kleiner der Zeitrahmen ist, in dem man seine Analyse durchführt. Dennoch kann ein Daytrader von plötzlichen Kursschwankungen aufgrund unerwarteter wirtschaftlicher Ereignisse überrascht werden, was zu Verlusten führen kann. Swing- und Positionstrader hingegen sind von Kursänderungen weniger betroffen, da sie größere Zeitrahmen verwenden, die weniger schwanken.

Wie wir gesehen haben, stehen den Tradern vier Handelsstile zur Verfügung, aus denen sie wählen können. Dies kann durch viele Faktoren bestimmt werden. In unserem Fall haben wir uns für das Daytrading entschieden, da das Ziel dieses Leitfadens darin besteht, Ihnen zu helfen, Ihren Lebensunterhalt mit dem Online-Handel zu verdienen. Nur beim Daytrading können Sie sich tägliche Ziele setzen und wissen, wie viel Sie in einem Monat verdienen werden. Außerdem haben Sie die Möglichkeit, Ihre Verluste wieder auszugleichen, da sich jeden Tag Dutzende von Gelegenheiten bieten. Kurz gesagt, wenn Sie heute Verluste machen, haben Sie morgen immer noch die Möglichkeit, diese wieder auszugleichen. Der Swingtrading-Stil bietet weniger Möglichkeiten und ist daher möglicherweise nicht der am besten geeignete Handelsstil, um einen kontinuierlichen Cashflow zu erzielen.

KAPITEL 4
GRUNDVORAUSSETZUNGEN FÜR DAYTRADING

Wenn es etwas gibt, das ich nicht müde werde zu betonen, dann ist es die Tatsache, dass der Online-Handel als professionelle Karriere respektiert werden sollte. Es gibt Menschen, die den Handel als Hobby oder nur zum Spaß betreiben, aber sie haben ihre eigenen Gründe. Wenn wir von Daytrading für den Lebensunterhalt sprechen, meinen wir eine Person, die den Handel als ihre einzige Einkommensquelle ansieht. Ein seriöser Trader sollte jedoch über die notwendigen Fähigkeiten und Instrumente verfügen, um in dieser Kunst erfolgreich zu sein.

Nehmen wir als Beispiel einen Mechaniker. Das Erste, was man braucht, um Mechaniker zu werden, ist der Wille und die Leidenschaft. Niemand sollte einen Beruf aus einem anderen Grund als Eigenmotivation und Leidenschaft ergreifen. Zweitens muss man sich die Fähigkeiten und Kenntnisse aneignen, die erforderlich sind, um ein Auto zu zerlegen, Probleme zu beheben und die Bedürfnisse der Kunden zu befriedigen, damit diese garantiert zahlen können. Drittens brauchen sie die Werkzeuge, die sie für die Wartung, Reparatur und Aufrüstung von Kraftfahrzeugen benötigen. Wenn diese drei Anforderungen erfüllt sind, sind die Chancen, als Mechaniker erfolgreich zu sein, weit überdurchschnittlich.

Auch das Online-Daytrading hat seine eigenen Anforderungen. Vergewissern Sie sich, dass Sie über das folgende Arsenal verfügen, bevor Sie sich an den Handel wagen.

1. Denkweise

Ich weiß nicht, warum Sie sich entschieden haben, den Online-Handel auszuprobieren. Ich hoffe jedoch, dass Sie einen triftigen Grund haben, denn es wird eine sehr anspruchsvolle Reise werden. Wenn Sie sich daran erinnern, was ich zu Beginn gesagt habe, ist der Online-Handel nicht einfach. Sie müssen in Hunderte von Übungsstunden, intensive Nachforschungen und unzählige Weiterbildungen investieren. Daher ist das erste Werkzeug, das Sie als Daytrader benötigen, die richtige Einstellung.

Ein Aspekt, den Sie sich klarmachen sollten, ist, dass der Handel kein Schnellschuss ist. Sie werden Erfahrung sammeln und viel üben müssen, bevor Sie anfangen können, Geld zu verdienen wie die großen Spieler, die Sie wahrscheinlich zu dieser interessanten Karriere inspiriert haben.

Zweitens, und das ist sehr wichtig, müssen Sie bereit sein, zahlreiche Male zu scheitern, bevor Sie es endlich schaffen. Der Handel ist wie ein Investitionsspiel, bei dem alle möglichen Tricks angewandt werden. Sie werden Fehler machen, die zu Verlusten führen, aber mit der Zeit werden Sie die Regeln des Spiels verstehen, und damit wird Ihr Erfolg beginnen. Kurz gesagt, Sie brauchen eine kämpferische Einstellung.

2. Ausbildung

Ich glaube, Sie haben die erste Voraussetzung bereits erfüllt, wenn man bedenkt, wie weit Sie auf der Suche nach diesem Wissen gekommen sind. Sie sind nun bei der zweiten Voraussetzung, der Ausbildung. Ein Trader muss wissen, wie man handelt. Dieses Buch ist ein Beispiel für die Ausbildung, die Sie benötigen. Es macht keinen Sinn, diesen Punkt noch weiter auszuführen.

3. Ein Computer

Sie können verschiedene Geräte verwenden, um den Handel zu erlernen und zu betreiben, z. B. einen Computer, ein Smartphone, ein Tablet und so weiter. Ich persönlich würde einen Computer wegen der Analysefunktion empfehlen. Sie werden Charts von Handelsinstrumenten öffnen, die eine Menge grafischer Details enthalten. In diesem Fall ermöglicht es Ihnen ein großes Display, selbst die kleinsten Details deutlich zu erkennen. Außerdem sind die mobilen Versionen der Handelsplattformen vereinfacht, was bedeutet, dass einige Tools fehlen könnten.

Ein einfacher Computer ist ausreichend. Er muss nur einen großen Bildschirm von etwa 21 Zoll haben. Ich habe mit einem 17-Zoll-Monitor angefangen, und er hat mir gut gefallen. Als ich jedoch auf einen größeren Bildschirm umstieg, konnte ich mehr von den Charts sehen, was meine Analyse erleichterte. Im Folgenden finden Sie eine Zusammenfassung der Mindestanforderungen, die Ihr Computer erfüllen sollte:

- o   Windows, Mac oder Linux-Betriebssystem
- o   Intel i7 Prozessor und höher
- o   Mindestens 500 GB Festplattenkapazität
- o   32 GB RAM

Hinweis: Dies sind nur meine Empfehlungen. Sie können einen Computer mit anderen (niedrigeren) Spezifikationen verwenden, und es könnte gut funktionieren. Zweitens können Sie zwei Monitore verwenden, sodass ein Bildschirm für die Analyse und der andere für die Auftragserteilung genutzt wird. Dies ist optional.

4. Stabile Internetverbindung

Hier haben Sie nicht allzu viele Möglichkeiten. Die Qualität der Internetverbindung ist beim Online-Handel sehr wichtig, denn über diesen Kanal erhalten Sie Marktdaten, platzieren Trades und stellen die Verbindung zu Ihrem Broker her. Stellen Sie daher sicher, dass Ihre Internetverbindung schnell und zuverlässig ist. Jede Unterbrechung oder Verzögerung kann zu falschen Chart-Informationen oder sogar zu Verlusten beim Handel führen.

5. Ein Broker

Ein Broker ist eine Partei, die Ihnen eine Handelsplattform zur Verfügung stellt, die es Ihnen ermöglicht, Geld einzuzahlen und abzuheben, und die Ihnen auch Handelsmarktdaten zur Verfügung stellt. Es gibt heute Tausende von Online-Brokern. Auch in diesem Bereich brauchen Sie den besten Broker. Er muss seriös, vertrauenswürdig, zuverlässig und zugänglich sein.

6. Charting-Software

Die Charting-Software wird auch als Handelsplattform bezeichnet. Dies ist die Anwendung, in der die Analysen durchgeführt und die Aufträge ausgeführt sowie verwaltet werden. Es gibt verschiedene Arten von Charting-Software, die Sie verwenden können. Wir werden uns die Installation einiger der wichtigsten ansehen, bevor wir uns mit den Strategien befassen.

7. Ein Handelsplan

Ein Handelsplan wird auch als Strategie bezeichnet. Er ist eines der wichtigsten Instrumente in Ihrem Handelsarsenal. Der Handelsplan dient als Leitfaden, der dem Trader hilft, die richtigen Handelsentscheidungen zu treffen. Er kann als persönliche Handelsverfassung zusammengefasst werden, da er die Regeln enthält, die alles regeln, was ein Trader in seinem Beruf tut. Auch darauf wird am Ende des Leitfadens eingegangen.

8. Ein Handelskonto

Sie benötigen ein gutes Handelskonto. Dies ist der zentrale Punkt, von dem aus Sie auf die Handelsplattform zugreifen, sich mit Ihrem Broker verbinden, Geld einzahlen und abheben usw.

Sie benötigen eine E-Mail-Adresse, eine Telefonnummer und einige Dokumente, z. B. einen Scan Ihres Personalausweises, einen aktuellen Kontoauszug und eine Rechnung eines Versorgungsunternehmens mit Ihrer Adresse.

Bevor Sie ein echtes Konto eröffnen, für das Sie die genannten Dokumente benötigen, können Sie ein Demokonto eröffnen. Dies ist ein Handelskonto, das zu Übungszwecken dient. Ihnen wird kostenloses Geld zur Verfügung gestellt, das Sie allerdings nicht abheben können. Ein Demokonto funktioniert wie ein echtes Handelskonto, nur dass Sie kein eigenes Geld einzahlen müssen. Die meisten Broker bieten kostenlose Demokonten an. Wir werden die Schritte zur Eröffnung eines Handelskontos bei der Installation der Handelsplattformen durchgehen.

9. Eine Arbeitsstation

Nachdem Sie sich nun entschlossen haben, Daytrader zu werden, ist es an der Zeit, ein Büro einzurichten. Zunächst einmal braucht Ihr Computer einen Tisch oder Schreibtisch. Als Nächstes brauchen Sie einen bequemen, ergonomischen Stuhl, da Sie während Ihrer Arbeit sitzen werden. Es ist ratsam, den Arbeitsplatz so bequem wie möglich zu gestalten, da dies Ihre Stimmung beeinflussen kann. Ein ordentlicher, gut beleuchteter Arbeitsplatz wird Sie nicht nur zum Arbeiten motivieren, sondern auch den Arbeitstag angenehm gestalten. Fügen Sie farbige Beleuchtung, flauschige Teppiche, polierte Möbel, beruhigende Musik oder einfach alles hinzu, was Ihrer Meinung nach Ihre Arbeitsumgebung verbessern wird.

Mit all den oben genannten Werkzeugen sind Sie gewappnet und bereit, die Welt des Online-Handels zu erleben. Bitte denken Sie daran, dass Sie jedes dieser Hilfsmittel durch etwas anderes ersetzen können, wenn Sie möchten. Wenn Sie sie jedoch genau so finden, wie ich sie skizziert habe, oder besser, werden Sie eine reibungslose Zeit des Lernens und schließlich der Arbeit als Daytrader haben.

KAPITEL 5
TERMINOLOGIE

Im Online-Handel gibt es einzigartige Phrasen und kurze Begriffe, die von den Tradern häufig verwendet werden. Diese Wörter sind sehr spezifisch für diesen Beruf, sodass sie Nicht-Tradern oder Tradern, die sich nicht die Zeit genommen haben, sie zu lernen, als Jargon erscheinen können. Es kann sowohl riskant als auch unprofessionell sein, mit dem Handel zu beginnen, ohne die Bedeutung der Begriffe zu verstehen, die in jedem Bereich üblicherweise verwendet werden.

Sie müssen sie nicht auswendig lernen. Ich würde empfehlen, dass Sie verstehen, was sie bedeuten, denn das wird Ihnen helfen, sie besser zu verinnerlichen. Im weiteren Verlauf der Daytrading-Reise werden wir sie verwenden, sodass Sie am Ende ihre Bedeutung in den Fingerspitzen haben werden. Auch diese Begriffe gelten für jede Art von Handel, mit der Sie sich beschäftigen.

Arbitrage

Dabei handelt es sich um eine Handelsmethode, bei der man die Preisunterschiede zwischen zwei Finanzinstrumenten ausnutzt. Bei Aktien könnte beispielsweise eine Aktie auf einem Markt für 29 $ und auf einem anderen für 32 $ verkauft werden. Ein Trader kann die Aktie auf dem billigen Markt kaufen und sie dann sofort auf dem Sekundärmarkt verkaufen, um einen Gewinn in Höhe der Differenz (3 $) zu erzielen.

Ask Price

Dieser wird auch als "Angebotspreis" bezeichnet. Er bezieht sich auf den Preis oder Wert, den ein Verkäufer für ein Instrument zu akzeptieren bereit ist. Wenn Sie einen EURUSD-Handel zu 1,234 platzieren, ist das Ihr Briefkurs.

Vermögenswert

Ein Vermögenswert bezieht sich auf das Instrument, mit dem gehandelt wird. Wenn sich ein Trader auf Aktien konzentriert, sind seine Vermögenswerte alle Aktien von Unternehmen, die er handeln kann. Beim Krypto-Handel sind Bitcoin und alle anderen Kryptos die Vermögenswerte.

Break-even

Dies ist der Fall, wenn der Wert des gehandelten Vermögenswerts am Ende eines Handels oder während der Schließung eines bestimmten Handels mit dem Briefkurs (Eröffnungskurs) übereinstimmt. In der Regel macht der Trader beim Break-even weder einen Gewinn noch einen Verlust.

Basiswährung/Gegenwährung

Beim Handel mit Devisen, Kryptowährungen und binären Optionen werden die Vermögenswerte als Währung A / Währung B ausgedrückt. Beispiele sind EURUSD, BTCUSD. Die Währung auf der linken Seite wird als "Basiswährung" bezeichnet, während die Währung auf der rechten Seite als "Gegenwährung" bezeichnet wird.

Bärenmarkt

Ein Bärenmarkt ist ein Begriff, der eine Abwärtsbewegung des Preises oder Wertes eines Vermögenswertes bezeichnet. Dies ist der Fall, wenn Trader "Verkaufs"-Geschäfte eröffnen.

Angebotspreis

Dies ist der Preis oder Wert, den ein Käufer bereit ist, für den Erwerb eines Handelsobjekts zu zahlen. Bei der Platzierung eines Geschäfts werden sowohl der Briefkurs als auch der Geldkurs angegeben. In der Regel gibt es eine kleine Differenz zwischen den beiden, die der Broker als Gewinn behält.

Bonus

Ein Bonus ist jede Art von Anreiz oder Geschenk, das ein Broker seinen Kunden anbieten kann. Man kann ihn auch als Werbeaktion bezeichnen. Sobald Sie mit dem Handel beginnen, werden Sie feststellen, dass Broker alle Arten von Boni anbieten, um ihre Kunden zu locken oder zu schätzen.

Begrenzung

Dieser Begriff ist bei binären Optionen üblich. Er bezieht sich auf die Zeit, die vor dem Verfall eines gehandelten Vermögenswerts verbleibt. Kurz gesagt, wenn Sie vorhersagen, dass der Wert einer Aktie innerhalb von 10 Minuten steigen wird, wird diese Zeit als die Grenze bekannt.

Bullenmarkt

Ein Bullenmarkt ist das Gegenteil eines Bärenmarktes. Dies ist der Moment, in dem der Wert oder der Preis eines Marktes zu steigen scheint. Während eines Bullenmarktes platzieren Trader meist "Kauf"-Geschäfte.

Rohstoff

Ein Rohstoff ist eine Art von Handelsgut, das Rohstoffe wie Metalle (Silber, Gold, Kupfer usw.), natürliche Brennstoffe (Öl und Gas) und wichtige landwirtschaftliche Produkte wie Vieh, Kakao und Kaffee umfasst.

Aktueller Kurs

Dies ist der gegenwärtige Wert oder Preis eines Vermögenswerts.

Frühzeitige Schließung

Genau wie der Begriff klingt, bezieht er sich auf die Fähigkeit, einen laufenden Handel sofort und ohne Verzögerung zu beenden.

Verfall

Dies ist das Datum oder die Uhrzeit, zu der ein offener Handel geschlossen werden soll. Zu diesem Zeitpunkt werden die Ergebnisse von Geschäften festgelegt.

Eigenkapital

Eigenkapital ist die alternative Bezeichnung für Investitionen, Einlagen oder Kapital, das auf einem Handelskonto verfügbar ist.

Gap

Ein Gap ist ein signifikanter Unterschied zwischen zwei Kursen, der in der Regel nicht in den Handelscharts erfasst wird. Er kann als "Lücke" erklärt werden, in der die Werte eines Vermögenswerts nicht erfasst wurden. Gaps treten häufig bei plötzlichen Marktbewegungen oder an Wochenenden und Feiertagen auf, wenn die Märkte geschlossen sind.

Index

Ein Index (Plural "Indizes") ist eine Methode, um mehrere Vermögenswerte oder Wertpapiere zu einer Gruppe zusammenzufassen, sodass ihre Leistung als eine Einheit gemessen werden kann. Ein gutes Beispiel ist der FTSE, der die 100 größten kapitalisierten Unternehmen an der Londoner Börse misst.

Im Geld

Dies bedeutet, dass ein Handel Gewinne erzielt oder mit Gewinn abgeschlossen wurde.

Hebelwirkung

Hebelwirkung ist einer der wichtigsten Begriffe, die im Handel verwendet werden. Dabei handelt es sich um eine Funktion, die von Brokern angeboten wird und mit der sich ein Trader Geld "leihen" kann, um größere Geschäfte zu tätigen, als es sein eigentliches Kapital zulässt. Sie wird in Verhältnissen wie 1:50 ausgedrückt, d. h. für jeden Dollar, den ein Trader besitzt, kann er sich fünfzig Mal mehr vom Broker "leihen", um größere Geschäfte zu tätigen, die höhere Renditen bieten können. Die Hebelwirkung ist ebenso riskant wie interessant, da sie Verluste vervielfachen kann.

Marge

Die Marge ist der Geldbetrag, der erforderlich ist, um einen offenen Handel aufrechtzuerhalten. Wenn ein Handel Verluste macht, wird mehr Marge verbraucht und das verfügbare Eigenkapital sinkt. Wenn das Eigenkapital erschöpft ist, wird der offene Handel oder werden die offenen Handelsgeschäfte beendet.

Marktpreis

Der Marktpreis bezieht sich auf den tatsächlichen Wert eines Vermögenswerts, der zu einem bestimmten Zeitpunkt auf dem Hauptmarkt ermittelt wird.

Auftrag

Ein Auftrag ist eine Transaktion, die ein Trader erteilt. Kurz gesagt, wenn Sie einen Kauf- oder Verkaufsauftrag eröffnen, haben Sie einen Auftrag erteilt. Call und Put sind ebenfalls Beispiele für Aufträge im Optionshandel.

Es gibt zwei Hauptarten von Aufträgen:
- Eröffnungsaufträge

Eröffnungsaufträge sind die Aktionen, die zur Ausführung (Eröffnung) eines neuen Geschäfts dienen. Es gibt verschiedene Arten von Eröffnungsaufträgen.

- o *Marktauftrag*: Ein "offener" Marktauftrag bedeutet, dass der Trader, wenn er die Taste drückt, um einen Handel einzugehen, dies sofort zum aktuellen Marktwert tut.
- o *Buy-Stop:* Ein Buy-Stop-Auftrag kommt zustande, wenn ein Trader den Markt analysiert und zu dem Schluss kommt, dass der Preis oder Wert nach Erreichen eines bestimmten Punktes in der Zukunft steigen wird. Daher platziert er einen schwebenden Auftrag zu dem gewählten Punkt. Wenn der Markt diesen Punkt erreicht, wird automatisch ein Kaufauftrag eröffnet.
- o *Sell-Stop*: Ein Sell-Stop-Auftrag ist das Gegenteil eines Buy-Stop-Auftrags. Der Trader platziert eine schwebende Order in einer zukünftigen Position; wenn der Marktwert diese erreicht, wird automatisch eine "Sell"-Order eröffnet.
- o *Buy-Limit*: Ein Buy-Limit-Auftrag entsteht, wenn ein Trader seine Charts analysiert und zu dem Schluss kommt, dass der Markt, wenn er bis zu einem bestimmten Punkt in der Zukunft fällt, aufhört zu fallen und beginnt zu steigen. Daher platziert er einen schwebenden Auftrag,

und wenn der Markt diesen Punkt erreicht, wird automatisch ein "Buy"-Auftrag eröffnet.

- o *Sell-Limit*: Ein Sell-Limit-Auftrag ist das Gegenteil eines Buy-Limits. In diesem Fall ist der Trader jedoch zu dem Schluss gekommen, dass der Marktwert, wenn er in der Zukunft ein bestimmtes Level erreicht, nicht mehr weiter steigen und nach unten gehen wird. Er platziert also einen schwebenden Auftrag, und wenn der Markt dieses Level erreicht, wird automatisch ein Verkaufsauftrag eröffnet.

- **Schließungsaufträge**

Schließungsaufträge sind die Aktionen, die dazu dienen, aktive (laufende) Geschäfte zu schließen. Es gibt vier Arten von Schließungsaufträgen. Sie sind:

- o *Market-Order*: Eine "Close"-Market-Order bedeutet, dass sie sofort ausgeführt wird, wenn der Trader die Taste drückt, um einen Trade zu verlassen.
- o *Take-Profit*: Eine Take-Profit-Order wird verwendet, um einen Handel, der im Gewinn ist, automatisch zu schließen. Der Trader eröffnet zunächst einen Handel und legt dann ein Take-Profit-Level fest. Wenn der gewinnbringende Handel das voreingestellte Level erreicht, wird der Handel automatisch geschlossen und die Gewinne bleiben erhalten.
- o *Stop-Loss*: Eine Stop-Loss-Order wird verwendet, um einen Verlusthandel automatisch zu schließen. Der Trader leitet zunächst einen Handel ein und legt dann ein Stop-Loss-Level für die Zukunft fest. Wenn der verlustbringende Handel dieses Level erreicht, wird der Handel automatisch geschlossen und weitere Verluste werden verhindert.
- o *Trailing Stop*: Eine Trailing-Stop-Order ist ein automatischer Auftragstyp, der darauf abzielt, die Gewinne eines Traders zu verbuchen und zu schützen. Er funktioniert nur bei Geschäften, die sich bereits auf der Gewinnseite befinden. Um ihn zu setzen, legt ein Trader eine Anzahl von Pips oder Punkten fest, nach denen der Trailing Stop ausgelöst werden soll. Nehmen wir an, Sie

haben einen Handel, der bereits 30 Pips im Gewinn ist. Sie können einen Trailing Stop von 10 Pips festlegen, d. h. nachdem der Handel 20 Pips Gewinn erzielt hat, wird ein Stop-Loss-Auftrag bei 10 Pips Gewinn platziert. Nach weiteren 10 Pips Gewinn (40 Pips) wird der Stop-Loss automatisch auf 20 Pips verschoben. Wenn sich der Markt umkehrt und den Stop-Loss erreicht, wird der Handel geschlossen, und die Gewinne werden einbehalten.

Aus dem Geld

Dies bedeutet, dass ein aktiver Handel auf der Verliererseite steht oder dass ein bestimmter Handel mit Verlust geschlossen wurde.

PIP

Ein "Pip" ist die Abkürzung für "Point in Percentage" und wird meist auf dem Devisenmarkt verwendet. Es ist das Maß in Punkten für den Abstand, um den sich der Wert eines Vermögenswertes bewegt. Bewegt sich der Kurs des USDJPY beispielsweise von 135,60 auf 135,40, dann sagen wir, dass er sich um 20 Pips nach unten bewegt hat.

Slippage

Slippage ist ein Ereignis, das während der Eröffnung und/oder Schließung eines Geschäfts auftritt, wenn der resultierende Wert aufgrund der schnellen Bewegung des Marktes vom beabsichtigten Wert abweicht. Ein Beispiel: Sie möchten einen Handel mit Gold gegen US-Dollar (XAUUSD) platzieren, wenn der Marktpreis 1500 beträgt. Nachdem Sie die Schaltfläche zur Eröffnung des Auftrags gedrückt haben, kommt es zu einer starken, plötzlichen Preisbewegung, und der Auftrag wird zum Preis von 1502 platziert. In diesem Fall sagen wir, dass es eine Abweichung von 2 Punkten oder Pips gegeben hat.

Spread

Der Spread ist die Differenz zwischen dem Briefkurs und dem Geldkurs. Er ist der Betrag in Pips, den ein Broker für jeden Handel berechnet. Wenn also der Marktpreis eines Instruments bei 120 liegt und der Broker einen Briefkurs von 121 anbietet, zu dem Sie zustimmen, es zu 122 zu kaufen, dann beträgt der Spread bei diesem Handel (122-121) = 1 Pip.

Swap

Ein Swap ist eine Gebühr, die anfällt, wenn eine Währung gegen eine andere getauscht wird. Er ist auf dem Devisenmarkt üblich und findet normalerweise um Mitternacht statt. Wenn der Wert der Währung, die Sie gekauft haben, gegenüber dem Wert der Währung, die Sie verkaufen, gestiegen ist, erhalten Sie vom Broker einen kleinen Betrag. Wenn das Gegenteil der Fall ist, zahlen Sie dem Broker einen kleinen Betrag.

Kursnotierung

Ein Kurs, der meist im Devisenhandel verwendet wird, ist der Ausdruck für die Basiswährung gegenüber der Gegenwährung.

So sind XAUUSD, GBPUSD und EURUSD alles Beispiele für Notierungen.

Die Sprache des Online-Handels zu beherrschen ist der erste Schritt zum Erfolg. Sie müssen wissen, was die wichtigsten Begriffe in dieser Branche bedeuten. Auf diese Weise werden Ihr Studium und Ihre Praxis einwandfrei sein. Die obige Liste der im Handel gebräuchlichen Begriffe ist nicht abschließend; es gibt unzählige weitere. Sie ist jedoch ausreichend, um Ihnen den Einstieg zu erleichtern. Mit zunehmender Zeit, die Sie mit dem Daytrading verbringen, werden Sie auf Tausende anderer Begriffe stoßen, die wir verwenden. Bitte schlagen Sie in diesem Kapitel jedes Mal nach, wenn Sie auf Ihrer Handelsreise auf unklare Begriffe stoßen.

KAPITEL 6
HANDELSPLATTFORMEN

Daytrader können aus einer Vielzahl von Handelsplattformen wählen. Eine Handelsplattform ist ein Programm oder eine Software, die ein Trader verwendet, um auf Marktdaten zuzugreifen, seine Analysen durchzuführen und Geschäfte zu tätigen. Es gibt Dutzende von Plattformen auf dem Markt. In letzter Zeit wurden aufgrund des Wachstums der Handelsbranche mehr Optionen eingeführt, und der Wettbewerb ist hart geworden. Letztendlich ist es Sache des Traders, sich für eine oder mehrere Plattformen zu entscheiden, die er nutzen möchte.

Plattformen, die Sie nutzen können

In diesem Abschnitt werden wir einige der beliebtesten Plattformen auf dem Markt vorstellen. Sie können die Funktionen, die wir besprechen werden, als einen Filter betrachten, der Ihnen bei der Auswahl der besten Plattform hilft. Trotzdem werde ich die Plattform empfehlen, die ich mein ganzes Leben lang benutzt habe.

MetaTrader 4 (MT4)

MT4 ist eine der ältesten Handelsplattformen in der Branche. Es ist eines der Programme, die zum Wachstum der Einzeltrader geführt haben, da es ihnen den Zugang zum Markt ermöglichte. Die Trader finden sie sehr zuverlässig und einfach zu bedienen, sodass es die beliebteste Handelsplattform seit Jahrzehnten im

Einsatz ist. Ich persönlich ziehe sie aus mehreren Gründen jeder anderen Plattform vor:

- o Sie ist sehr stabil.
- o Sie unterstützt eine Vielzahl von Indikatoren, Handelsinstrumenten und Robotern.
- o Sie kann auf allen mobilen und Computer-Betriebssystemen funktionieren.
- o Sie ist bei fast allen Brokerunternehmen erhältlich.
- o Sie ist kostenlos.

MetaTrader 5 (MT5)

Wie die Namen schon vermuten lassen, sind MT4 und MT5 miteinander verwandt, da sie von derselben Firma (Metaquotes) hergestellt werden. Der Hauptunterschied besteht darin, dass die MT5-Plattform fortschrittlicher ist und mehr Funktionen als die MT4-Plattform bietet. Zum Beispiel ist die MT5-Plattform noch stabiler. Sie ist schneller, verfügt über mehr Roboter und Indikatoren und bietet auch mehr Handelsinstrumente an.

Selbst wenn Sie mit MT4 beginnen, sollten Sie schrittweise auf MT5 umsteigen, da die ältere Plattform in Zukunft möglicherweise nicht mehr verwendet wird. Wir werden unser Lernen auf diese neuere Handelsplattform stützen. Sie können auch den MT4 verwenden, da sie auf die gleiche Weise funktionieren.

Ninja Trader

Die Ninja Trader-Plattform ist im Vergleich zum MT4 noch recht jung. Sie kam im Jahr 2004 auf den Markt. Trotzdem bevorzugen einige Trader sie gegenüber dem MT4. Während der MT4 vor allem für den Handel mit Währungen (Forex und Kryptowährungen) geeignet ist, unterstützt der Ninja Trader den Forex-, Aktien- und Futures-Handel problemlos. Darüber hinaus bietet die Plattform Handelssimulationen, automatische Strategieentwicklung und fortschrittliche Charting-Tools und -

Fähigkeiten. Einige Nachteile des Ninja Trader, die den MT4 an der Spitze halten, sind:

o   Die Nutzer müssen eine Lizenz erwerben oder die Plattform mieten, um Handel betreiben zu können.

o   Plug-ins wie Indikatoren und Roboter sind nicht kostenlos.

o   Es handelt sich nicht um einen Marktdatenanbieter, daher müssen Trader eine Verbindung zu einem Datenanbieter wie Kinetick oder Google herstellen.

cTrader

Die Software cTrader steht an dritter Stelle nach den Plattformen Metaquotes und Ninja Trader. Sie hat in den letzten Jahren starke Konkurrenz bekommen, und viele Broker haben sie aufgegriffen. Zu den Merkmalen, die sie sehr wettbewerbsfähig machen, gehören eine schnelle Handelsausführung, günstigere Handelskosten, eine umfangreiche Geräteunterstützung und fortschrittliche Charting-Funktionen. Im Gegensatz zu den anderen Plattformen unterstützt sie jedoch nicht das Windows Phone OS.

ProRealTime

ProRealTime ist eine webbasierte Plattform (sie muss nicht auf einem Computer installiert werden), da sie im Cloud-Netzwerk des Unternehmens gesichert ist. Es verwendet eine einzigartige Kodierungssprache (ProRealCode), um Marktanalysetools zu erstellen. Diese Eigenschaft macht es zwar einzigartig, bedeutet aber auch, dass es weniger Tools online gibt. Ein weiterer Nachteil ist, dass die Nutzer für die Nutzung der Plattform und den Zugriff auf Echtzeitdaten bezahlen müssen.

ESignal

ESignal ist vielleicht nicht die beliebteste Handelsplattform, aber ein beliebtes Tool für fortgeschrittene Trader, die ihre eigenen Handelsansätze anpassen möchten. Sobald ein Trader die unterstützte Kodierungssprache erlernt hat, kann er seine eigenen Indikatoren, Handelsstrategien und andere Analysetools erstellen. Darüber hinaus kann ein Trader mit eSignal über 500 Handelsinstrumente auf einen Schlag anzeigen.

Nachteilig ist, dass die Trader jährliche oder monatliche Gebühren zahlen müssen, um Zugang zum Marktfeed zu erhalten. Zweitens ist die Plattform bei den meisten Brokerunternehmen nicht üblich.

Denken Sie daran, dass Sie als Trader selbst entscheiden, welche Art von Handelsplattform Sie verwenden möchten. In unserem Fall werden wir jedoch den MT5 verwenden, da er benutzerfreundlich ist und alle notwendigen Werkzeuge, Instrumente und Funktionen enthält, die ein Trader braucht.

Installation der Handelsplattform

Die Handelsplattformen sind auf den Websites der Broker verfügbar. Sie müssen sich bei einem Broker Ihrer Wahl anmelden, bevor Sie auf eine Handelsplattform zugreifen können. Nach der Registrierung erhalten Sie vom Broker eine Liste aller von ihm unterstützten Handelsplattformen, aus der Sie auswählen können. Der Installationsprozess ist recht einfach und erfordert in der Regel das Ausfüllen einiger persönlicher Daten und anderer Informationen, die vom Broker bereitgestellt werden.

In unserem Fall werden wir den MT5 verwenden, der der MT4-Plattform sehr ähnlich ist. Der MT5 ist sehr einfach zu installieren. Und was noch besser ist: Wir können die Plattform zu Lernzwecken nutzen, ohne uns bei einem Broker anzumelden. Allerdings handelt es sich dabei nur um ein Demokonto. Um auf den MT5 zuzugreifen, gehen Sie auf die Metaquotes-Website und laden Sie den MT5 herunter. Ich empfehle Ihnen diese Methode, da Sie sich nicht erst um ein Konto bemühen müssen. Das können Sie tun, wenn Sie bereit sind, ein Live-Konto zu nutzen.

Sobald Sie die MT5-Datei auf Ihren Computer heruntergeladen haben, führen Sie sie aus und stellen Sie sicher, dass Ihr Internet aktiv ist. Wenn die Installation abgeschlossen ist, sollte sich ein Fenster wie das unten abgebildete öffnen.

Die MT5-Plattform. Quelle: Metaquotes MT5

Wenn Sie bis zu diesem Punkt gekommen sind, dann sind Sie bereit, Ihre Reise zum erfolgreichen Daytrading zu beginnen.

Hinweis: Ich möchte Sie daran erinnern, dass die MT5-Plattform für den Handel mit Aktien, Futures und Forex (einschließlich Kryptowährungen) verwendet werden kann. Auch wenn wir für die Lektionen einen Forex-Chart verwenden werden, sollten Sie daran denken, dass das Aussehen, die Funktionsweise und die Analyse auf den anderen Märkten gleich sind. Sie können die Lektionen, die Sie hier erhalten, auf jeden anderen Markt anwenden.

Arten von Charts auf MT5

Nachdem Sie nun die Handelsplattform eingerichtet haben, wollen wir uns die Arten von Charts ansehen, die Sie verwenden können. Die vier Fenster mit vielen Grafiken, die Sie oben sehen, werden als Charts bezeichnet. Schauen wir uns die drei

Arten von Charts an, die wir für die Analyse des Marktes verwenden können.

Linienchart

Um ein Linienchart zu aktivieren, müssen Sie zunächst einen der Charts in den geöffneten Fenstern auswählen. In meinem Fall habe ich den EURUSD-Chart ausgewählt. Sie können die Titel der Charts in den oberen rechten Ecken sehen. Sobald Sie Ihren Chart ausgewählt haben, klicken Sie auf das Symbol "Linienchart" oben in Ihrem MT5.

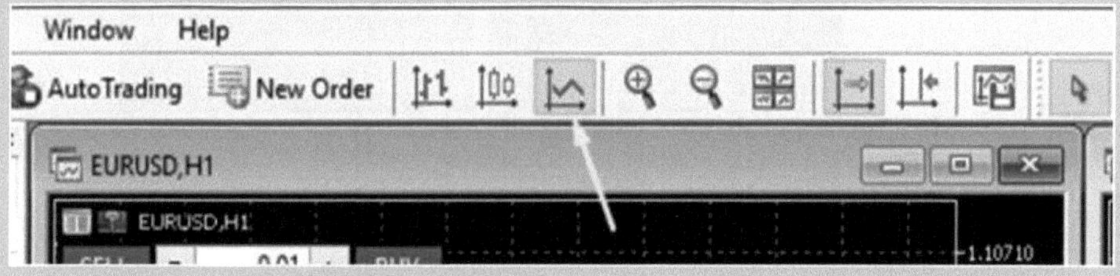

Am Ende sollten Sie einen Chart wie diesen erhalten:

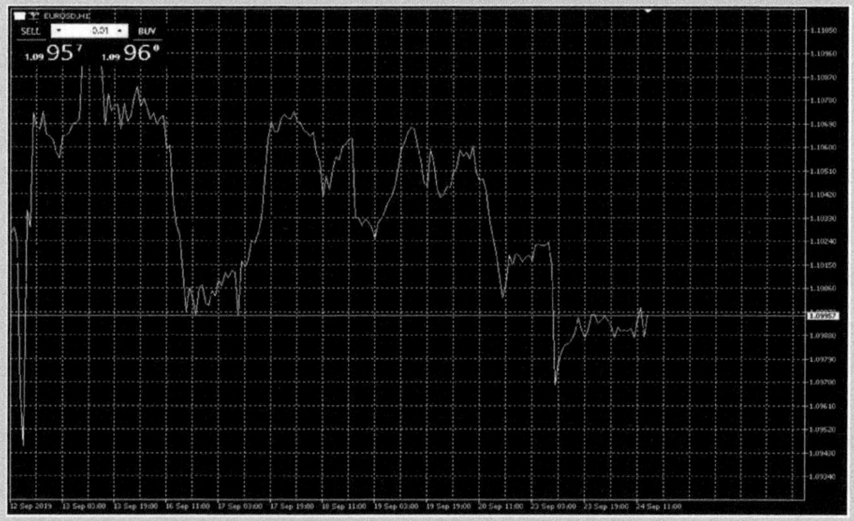

Ein Linienchart

In dem resultierenden Chart sehen Sie eine grüne Linie. Diese Linie wird als Indikator bezeichnet. Wir werden uns diese später ansehen, aber jetzt müssen Sie sie erst einmal loswerden. Dazu müssen Sie Folgendes tun:

- ➢ Klicken Sie mit der rechten Maustaste in den EURUSD-Chart
- ➢ Gehen Sie zur Option "Indikatoren" und klicken Sie darauf
- ➢ Sie sehen "Moving Average". Klicken Sie darauf und drücken Sie auf "Löschen".

Ihr Linienchart ist nun einfarbig.

Das, was Sie jetzt sehen, nennt man einen Linienchart. Dies ist eine einfache Grafik, die die Preisentwicklung darstellt. Wenn sie sich nach oben neigt, bedeutet dies, dass der Preis gestiegen ist, und wenn sie sich nach unten neigt, bedeutet dies, dass der Preis gesunken ist.

Balkenchart

Um ein Balkenchart zu aktivieren, müssen Sie auf das Tool "Balkenchart" oben in Ihrem MT5 klicken.

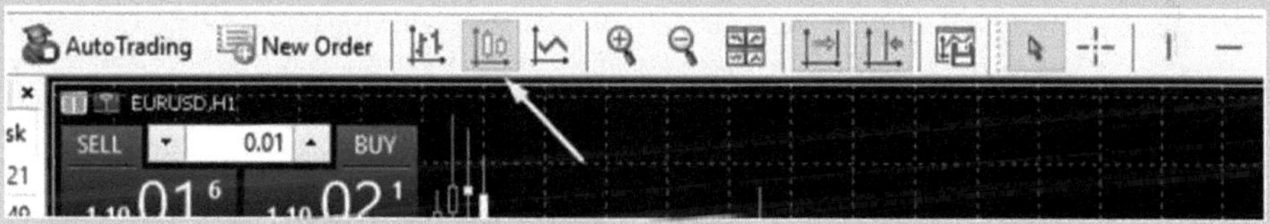

Am Ende sollten Sie einen Chart wie diesen erhalten:

 Das, was Sie gerade sehen, ist ein Balkenchart. Im Gegensatz zu einem Linienchart enthält der Balkenchart mehr Details. Er zeigt die Eröffnungs- und Schlusskurse an. Sie werden sehen, dass es vertikale Linien mit kleinen horizontalen Linien auf beiden Seiten gibt. Sie werden "Hashes" genannt. Die Hashes auf der linken Seite zeigen die Eröffnungskurse an, während die Hashes auf der rechten Seite die Schlusskurse anzeigen. Der obere Teil der Balken stellt den höchsten Punkt dar, den der Preis erreicht hat, während der untere Teil den niedrigsten Punkt anzeigt, den der Preis erreicht hat.

 Ein einzelner Balken stellt die Zeit dar. In den Charts sehen Sie neben dem Namen des Währungspaares die Bezeichnung "H1", was bedeutet, dass jeder Balken im Chart eine Stunde braucht, um sich zu bilden. Sie können den Zeitrahmen ändern und die Balkenbildung alle 1, 5, 15, 30, 60 Minuten bis hin zu 1 Monat sehen, indem Sie eine der in diesem Rahmen angezeigten Zeiten auswählen:

Balkencharts werden auch als OHLC-Charts bezeichnet, wobei "O" für den Eröffnungskurs, "H" für den Höchststand des Kurses, "L" für den Tiefststand und "C" für den Schlusskurs des Balkens steht.

Candlestick-Charts

Candlestick-Charts sind die interessantesten Charts. Sie verwenden Balken, die wie Kerzen mit Dochten aussehen, um die Kursentwicklung zu zeigen. Wie bei Balkencharts werden auch hier die Eröffnungs- und Schlusskurse sowie die Höchst- und Tiefststände der Kurse angezeigt. Sie unterscheiden sich jedoch insofern, als sie breitere Körper und einzelne Linien auf beiden Seiten haben, die "Dochte" genannt werden.

Candlestick-Balken sind auch farbig, um die Preisentwicklung innerhalb eines bestimmten Zeitrahmens darzustellen.

Um einen Candlestick-Balken zu aktivieren, klicken Sie auf das Symbol "Candlesticks", das sich neben den Symbolen für Linien- und Balkencharts befindet.

Am Ende sollten Sie einen Chart wie den folgenden erhalten:

Ein Candlestick-Chart

Wie Sie auf dem Chart sehen können, haben einige Balken weiße Körper und grüne Dochte. Diese Balken zeigen, dass der EURUSD-Kurs innerhalb dieser Zeit (1 Stunde) gesunken ist. Der Kurs eröffnete am oberen Ende des weißen Körpers und schloss am gegenüberliegenden Ende des weißen Körpers. Die grünen Dochte auf der Oberseite des weißen Körpers zeigen den höchsten Punkt an, den der Kurs erreichte, bevor er nach unten ging, während die Dochte auf der gegenüberliegenden Seite den niedrigsten Punkt anzeigen, den der Kurs erreichte, bevor er wieder nach oben ging. Diese Balken werden auch als "bearish candles" bezeichnet.

Die anderen Kerzen haben schwarze Körper und grüne Dochte. Diese Kerzen zeigen an, wann der Kurs gestiegen ist. Kurz gesagt, während dieser Stunde stieg der Kurs des EURUSD. Die Dochte auf der Oberseite zeigen den höchsten Punkt an, den der Kurs erreichte, bevor er fiel, während die Dochte auf der Unterseite den niedrigsten Punkt anzeigen, den der Kurs erreichte, bevor er wieder stieg. Diese Kerzen werden auch als "bullish candles" bezeichnet.

Sie können die Farben der Kerzen nach Belieben anpassen. In den meisten Fällen werden bärische Kerzen mit roter Farbe gefüllt, während bullische Kerzen mit grüner Farbe gefüllt werden. Die Farben haben jedoch keine Auswirkung auf den Handel; sie helfen nur, das Kursverhalten besser zu erkennen.

Auf unserer Handelsreise werden wir Candlestick-Charts verwenden, so wie es die meisten Trader tun. Hier sind einige Gründe für diese Entscheidung:

o   Erstens ist es aufgrund ihrer Form und Farbe sehr einfach zu interpretieren, wie sich der Preis entwickelt. Ein roter Balken verrät Ihnen sofort, dass der Kurs innerhalb einer bestimmten Zeit gesunken ist.

o   Zweitens, und das ist für Trader sehr wichtig, bilden Candlesticks Muster, die wir zur Interpretation und Vorhersage des Marktes nutzen können. Es gibt Hunderte von Mustern, die von Candlesticks gebildet werden, wenn sich der Markt bewegt, und wenn man sie versteht, kann man ein erfolgreicher Trader werden. Im nächsten Kapitel werden wir uns die wichtigsten Muster ansehen.

Vor diesem Kapitel haben Sie wahrscheinlich das Wort "Charting" gehört und sich gefragt, was es bedeutet. Jetzt wissen Sie hoffentlich, was Charts in der Handelsbranche bedeuten. Mit diesem Wissen im Hinterkopf ist es nun an der Zeit, sich mit der Marktanalyse zu befassen.

KAPITEL 7
MARKTANALYSE

Nach all den Theorien und Informationen, die Sie gelesen haben, ist die Marktanalyse der Punkt, an dem Ihre eigentliche Handelsreise beginnt. Die Analyse ist der Prozess, bei dem Trader die Charts studieren und das Wissen nutzen, um Entscheidungen über ihre Handelsgeschäfte zu treffen. Wir sagen, dass die Marktanalyse nicht nur ein Teil des Handels ist; sie ist das ganze Wesen des Handels.

Dies ist ein weiterer kontroverser Punkt in der Handelsbranche, denn die Trader scheinen sich nie einig zu sein, welche der beiden Hauptarten der Marktanalyse die beste ist. Es gibt eigentlich drei Arten von Marktanalysen. Allerdings sind nur zwei von ihnen populär, da die dritte in der Regel eine persönliche Methode ist. Was sind nun diese drei Arten der Chartanalyse?

Sie sind:

1. Fundamentalanalyse
2. Technische Analyse, und
3. Sentimentanalyse

Schauen wir uns an, was jede einzelne von ihnen mit sich bringt.

Fundamentalanalyse

Die Fundamentalanalyse ist eine Art der Marktanalyse, bei der versucht wird, den zugrunde liegenden Wert eines Finanzinstruments oder Vermögenswerts durch die

Untersuchung und Bewertung von Wirtschaftsdaten zu ermitteln. Bei diesem Ansatz müssen die Trader nicht auf die Charts schauen, um die Zukunft des Marktes zu bestimmen. Vielmehr suchen sie nach allen relevanten Daten über die von ihnen gehandelten Instrumente und nutzen diese Informationen dann für ihre Geschäfte. Zu den Wirtschaftsdaten, die Trader genau betrachten, gehören Inflation, Beschäftigung, BIP, Exporte, Importe, Zinssätze, Aktivitäten der Zentralbanken usw.

Das Ziel der Fundamentalisten besteht darin, Wirtschaftsberichte als Indikatoren für die Vorhersage der allgemeinen Marktbedingungen zu nutzen. Auf der Grundlage dieser Analyse hoffen sie, Handelsmöglichkeiten zu erkennen, die hohe Renditen bei minimalem Risiko versprechen. Kurz gesagt: Fundamentalistische Trader interpretieren die aktuellen Wirtschaftsdaten und nutzen diese Informationen, um zu entscheiden, ob ein Instrument in Zukunft an Wert gewinnen oder verlieren wird. Sie wissen zum Beispiel, dass der Wert der Facebook-Aktie in Zukunft steigen wird, wenn ein Bericht über die Einführung eines neuen Produkts durch Facebook erscheint und die Öffentlichkeit dies mit großer Spannung erwartet. Daher werden sie in Erwartung des Wertzuwachses Aktien kaufen.

Hier sind einige der Wirtschaftsdaten, auf die sich die Fundamentalisten konzentrieren.

- Die Wirtschaft

Der Zustand einer Wirtschaft wirkt sich direkt auf den Wert der Währung eines Landes, auf Einfuhren, Ausfuhren und andere Faktoren aus. Wenn es der Wirtschaft eines Landes gut geht, dann wird seine Währung stärker werden. Seine Exporte werden teurer und die Importe billiger. Wenn zum Beispiel der Ölpreis steigt, wird der Wert aller Währungen, die diesen Rohstoff produzieren und exportieren, zunehmen. Ähnlich verhält es sich, wenn das Wachstum einer Volkswirtschaft nachlässt und der Wert der Währung und der Exportgüter sinkt.

- Politische Stabilität

Politische Stabilität führt zu einem größeren Vertrauen in die Rohstoffe oder Währungen unabhängiger Länder. Auf der anderen Seite untergräbt politische Instabilität das Vertrauen der Investoren, was zu weniger Investitionen und einer

Verschlechterung der Wirtschaftsleistung führt. Ein gutes Beispiel war 2018, als Facebook in den Cambridge-Analytica-Skandal verwickelt wurde, bei dem das Unternehmen beschuldigt wurde, sich in den Wahlprozess in Kenia, einem ostafrikanischen Land, eingemischt zu haben. Am ersten Tag des Berichts verloren die Facebook-Aktien fast 18 Milliarden Dollar. Bis sich der Skandal stabilisiert hatte, hatte das Unternehmen über 134 Milliarden Dollar verloren. In diesem Fall hat jeder Trader, der die Aktie verkauft hat, eine Menge Geld verdient.

- Politik der Regierung

Staatliche Maßnahmen, wie z. B. die Zinssätze, haben erhebliche Auswirkungen auf die allgemeine Entwicklung von Währungen und Rohstoffen. Werden die Zinssätze erhöht, dämpft dies die Inflation und verlangsamt das Wirtschaftswachstum. Eine Senkung der Zinssätze hingegen stimuliert die Wirtschaft, indem sie Investitionen fördert. Auch andere Aspekte, wie die Steuerpolitik, beeinflussen die Marktentwicklung. So bremst beispielsweise eine hohe Besteuerung die Wirtschaftsleistung und entmutigt die Unternehmen.

- Beobachtung der Market Maker

Es gibt Trader, die darauf warten, dass die großen Akteure auf dem Markt ihre Züge machen; dann springen sie ein und schwimmen mit dem Strom. Sie stützen ihre Entscheidungen auf die Annahme, dass die großen Akteure die Fähigkeit haben, die Märkte zu bewegen. Wenn sie die großen Bewegungen erkennen können, sobald sie beginnen, können sie große Gewinne erzielen. Solche Trader konzentrieren sich daher auf Hedgefonds, Regierungen, Zentralbanken und andere große Finanzinstitute.

- Berichte und aktuelle Ereignisse

Erinnern Sie sich an 9/11? Wenn ja, dann wird dieser Punkt leicht zu verstehen sein. Als die tragische Nachricht bekannt wurde, stürzte der Dollar sofort ab. Innerhalb von 5 Tagen hatte die US-Wirtschaft über 1,4 Billionen Dollar verloren. In diesem Fall hätte jeder, der den EURUSD gekauft hatte, eine Menge Geld verdient. In ähnlicher Weise hätte jeder Trader, der den USDJPY verkauft hätte, ebenfalls stattliche Gewinne erzielt.

Ein weiteres Ereignis war der Absturz einer Boeing 737 MAX in Äthiopien im Jahr 2019, wenige Monate nachdem ein ähnliches Flugzeug in Indonesien abgestürzt war. Bei beiden Flügen kamen alle Passagiere und Besatzungsmitglieder ums Leben. Es kam zu einer Kontroverse darüber, dass das Flugzeugmodell unsicher sei. In nur wenigen Tagen sanken die Aktien von Boeing um 12 %, was einem Marktwert von fast 27 Milliarden Dollar entspricht. Ein Trader, der dieses Ereignis analysiert und die Boeing-Aktien verkauft hätte, hätte durch den Kursrückgang viel Geld verdient.

Haben Sie nun verstanden, wie die Fundamentalanalyse funktioniert?

Vorteile der Fundamentalanalyse

o   Erstens können Fundamentalisten, die versuchen, die Bewegungen der Märkte vorherzusagen, bevor sie stattfinden, leicht erklären, warum eine Bewegung aufgetreten ist. Diese Tatsache allein reicht aus, um die Prognosefähigkeit und die Gewinne zu steigern.

o   Zweitens kann das Studium von Wirtschaftsdaten einem Trader helfen, die langfristige Position der Preise zu erkennen. Kurz gesagt, sie können Geschäfte platzieren und wissen, wo sie den Markt in der Zukunft erwarten können. Dies stärkt ihr Vertrauen, wenn sie aktiv handeln.

o   Drittens gewinnt ein Trader aufgrund der Menge der gesammelten und analysierten Daten ein besseres Verständnis der Märkte. So können sie die Märkte genauer vorhersagen und das Rätselraten reduzieren.

Nachteile der Fundamentalanalyse

o   Der größte Nachteil der Fundamentalanalyse besteht darin, dass sie kein genaues Timing hat. Ein Trader weiß vielleicht, dass der Kurs einer Aktie in der Zukunft fallen wird, aber er hat keinen genauen Zeitpunkt, wann der Rückgang beginnen wird. Dies ist beim Handel sehr riskant.

o   Zweitens ist dieser Ansatz aufgrund des fehlenden richtigen Timings nicht für den kurzfristigen Handel, wie Daytrading oder Scalping, geeignet. Es gibt jedoch einige Arten von Fundamentaldaten, die für das Daytrading verwendet werden können.

o   Der dritte Nachteil ist, dass das Sammeln zu vieler Wirtschaftsdaten zu einer Informationsüberlastung führen kann. In diesem Fall ist der Trader nicht in der Lage, die Informationen zu verarbeiten. Langfristig könnten sie dann falsche Entscheidungen treffen, die zu Verlusten führen können.

o   Der letzte Nachteil besteht darin, dass wirtschaftliche Informationen unterschiedlich interpretiert werden können. Ein Trader könnte glauben, dass ein Markt steigen wird, während ein anderer die gleichen Daten in die entgegengesetzte Richtung interpretiert. Eine falsche Interpretation kann zu ungenauen Analysen und Verlusten führen.

Technische Analyse

Die technische Analyse ist ein Ansatz zur Analyse des Marktes auf der Grundlage der Preisentwicklung in der Vergangenheit. Dieser Ansatz wird in der Regel eher als Kunst und weniger als Wissenschaft bezeichnet, da er hauptsächlich auf Beobachtungen und nicht auf komplexen Formeln und Ableitungen beruht. Anders als bei der Fundamentalanalyse stützt sich der Trader bei seinen Entscheidungen auf die in den Handelsplattformen enthaltenen Charts. Er muss nicht versuchen, Wirtschaftsdaten zu interpretieren, sondern lesen, was die Charts aussagen.

Das wichtigste Instrument der technischen Analyse sind die Kursdaten. Unterschiedliche Zeitrahmen zeigen unterschiedliche Informationen an, aber dennoch müssen Preisdaten verwendet werden, um Handelsentscheidungen zu treffen. Grundsätzlich untersucht die technische Analyse das vergangene und gegenwärtige Kursverhalten und hilft dem Trader, das zukünftige Verhalten des Marktes vorherzusagen. Das Preisverhalten wird mithilfe von Instrumenten wie den Kerzen-, Linien- und Balkencharts untersucht, die wir bereits gesehen haben. Dieser Ansatz funktioniert am besten, wenn das gehandelte Instrument, sei es eine Aktie, ein Index, ein Rohstoff, eine Währung, ein Futures oder eine Option, über eine ausreichende Liquidität verfügt und nicht anfällig für externe Einflüsse ist.

Die technische Analyse beruht auf drei wesentlichen Annahmen:

• Erstens, dass das Kursverhalten alle anderen Informationen, wie z. B. Wirtschaftsdaten, überlagert. Technische Trader sind der festen Überzeugung, dass das aktuelle Preisverhalten alle Informationen über den Markt enthält. Außerdem wird jede neue Information sofort erfasst und angezeigt. Kurz gesagt, sie glauben nicht so sehr an den fundamentalen Ansatz.

• Zweitens, dass sich die Märkte in beobachtbaren Mustern bewegen. Technische Trader behaupten, dass sich der Markt in Mustern bewegt, die beobachtet und zur Vorhersage künftiger Kursbewegungen genutzt werden können. Allerdings muss man geschult sein, um die Muster zu erkennen, wenn sie sich bilden. Das am häufigsten verwendete beobachtbare Muster beim Handel ist als "Trend" bekannt. Ein Trend ist eine bestimmte Richtung (aufwärts oder abwärts), der die Kurse zu folgen scheinen.

• Drittens wird sich die Geschichte auf dem Markt immer wiederholen. Diese Annahme steht in engem Zusammenhang mit dem obigen Punkt, da man davon ausgehen kann, dass sich ein einmal beobachtetes Muster in einer bestimmten Richtung fortsetzt, bis das Muster abgeschlossen ist. Die Wiederholung von Kursmustern lässt sich unter anderem an Candlestick-Mustern, am Volumen, an Chart-Formationen und an der Dynamik erkennen.

Vorteile der technischen Analyse

o Durch die Verwendung von Charts ist es möglich, einen beliebigen Zeitrahmen zu wählen und sich auf die Analyse des Marktes für einen bestimmten Zeitraum zu konzentrieren. Dies ist beim Daytrading sehr wichtig, da wir für unsere Preisstudien Zeitrahmen benötigen, die kürzer als ein Tag sind.

o   Charts sind ein visuelles Hilfsmittel und ermöglichen es uns daher, Trends zu erkennen. Trends zeigen die allgemeine Richtung an, in die sich der Preis bewegt. Kurz gesagt: Anhand eines Charts können wir erkennen, ob ein Markt nach oben oder unten tendiert, bevor wir uns zum Kauf oder Verkauf eines Instruments entscheiden.

o   Die Timing-Funktion in den Charts hilft Daytradern bei der Planung ihrer Arbeitszeiten. Sie können entscheiden, wann sie arbeiten, wann sie eine Pause einlegen oder wann sie ihre Geschäfte schließen, da sie nicht über Mitternacht hinaus übertragen werden müssen. Bei der Fundamentalanalyse wird die Handelszeit eines Traders durch externe Faktoren bestimmt, z. B. durch den Zeitpunkt, zu dem wichtige Daten veröffentlicht werden.

o   Die technische Analyse wird von vielen Tradern bevorzugt, weil sie die Automatisierung von Konzepten ermöglicht. Programmierer können automatische Hilfsmittel erstellen, die als Indikatoren und Expert Advisors (Roboter) bekannt sind und bei der Analyse des Marktes sowie beim Eingehen oder Verlassen von Geschäften helfen.

o   Ein weiterer Vorteil der technischen Analyse besteht darin, dass sie wichtige Marktbereiche leicht erkennen lässt. So können Sie beispielsweise anhand der Charts erkennen, wo der Markt wahrscheinlich eine Wende vollziehen wird. Mehr dazu erfahren Sie unter Unterstützung und Widerstand.

o   Schließlich ist die technische Analyse im Vergleich zur Fundamentalanalyse weniger aufwendig, da der Trader nicht verschiedene Informationskanäle verfolgen muss, um seine Geschäfte abzuschließen. Bei der technischen Analyse müssen wir uns nur die Charts ansehen.

Nachteile der technischen Analyse

o   Die Erstellung von Charts ist nicht so einfach, wie es vielleicht klingt. Ein Grund dafür ist, dass verschiedene Zeitrahmen unterschiedliche Signale geben können. Ein 1-

Stunden-Zeitrahmen könnte einen steigenden Kurs vorhersagen, während das 15-Minuten-Chart einen fallenden Kurs anzeigt. Solche Erscheinungen können verwirrend sein.

o   Es gibt noch ein weiteres Problem, das eng mit dem obigen Punkt zusammenhängt und als Analyseparalyse bekannt ist. Dies ist der Fall, wenn ein Trader seine Charts überanalysiert, bis er zu verwirrt ist, um eine sichere Entscheidung zu treffen.

o   Drittens interpretieren verschiedene Trader den Markt unterschiedlich, da es Tausende von automatischen Indikatoren und Robotern   gibt. Die   automatisierten Systeme arbeiten nicht unbedingt gleich, daher die unterschiedlichen Signale. Dies kann auch zu Verwirrung oder falschen Analysen führen.

o   Schließlich können technische Analysten zwar die Fundamentaldaten ignorieren, doch kann dieser Ansatz ihre Analyse erheblich beeinflussen. Bei wichtigen Nachrichten oder Ereignissen kann der Markt alle Formationen und Muster, die sich gebildet haben, ignorieren, was zu falschen Analysen oder Verlusten führt.

Sentimentanalyse

Die Sentimentanalyse ist nicht so populär wie die beiden anderen Ansätze, wird aber dennoch von einigen Daytradern verwendet. Im Gegensatz zu den beiden anderen basiert die Sentimentanalyse auf der Meinung des Traders und nicht auf externen Faktoren. Kurz gesagt, der Trader schaut sich den Markt an und gibt seine persönliche Meinung darüber ab, ob der Markt steigt oder fällt.

Eine der Methoden, die bei der Sentimentanalyse eingesetzt werden, ist die Messung des Verhältnisses zwischen Käufern und Verkäufern. Sind die Käufer (die sogenannten "Bullen") in der Überzahl, wird der Trader wahrscheinlich "Kauf"-Geschäfte tätigen. Wenn dagegen die Verkäufer (die so genannten "Bären") das Sagen zu haben scheinen, wird der Trader eher "verkaufen".

Der sentimentale Ansatz ist der riskanteste der drei Ansätze. Daher verwenden Trader ihn in der Regel zusammen mit einem der beiden Hauptansätze.

Fundamentalanalyse oder technische Analyse?

Sie sind nun Teil dieser großen Schlacht, da Sie sich entschieden haben, Trader zu werden!

Nun, jeder erfahrene Trader wird Ihnen sagen, dass alle drei Formen der Analyse beim Daytrading sehr wichtig sind. Die drei Ansätze sollten sich gegenseitig ergänzen, wenn ein Trader seine Gewinnquote erhöhen will. Wird einer von ihnen vernachlässigt, steigt das Risiko, falsche Vorhersagen zu treffen. Aufgrund der obigen Offenbarung werden wir alle drei Methoden anwenden. Allerdings wird die technische Analyse die dominierende Methode sein. Ich habe mich für den technischen Ansatz entschieden, weil das Daytrading im Vergleich zum Positions- und Swingtrading eine höhere Genauigkeit erfordert. Außerdem finde ich, dass die Beobachtung aufschlussreicher ist, als meine Entscheidungen nur auf verbale Informationen zu stützen.
In den vielen Jahren meines Handels habe ich festgestellt, dass sich die Geschichte an den Märkten tatsächlich wiederholt. Das werden auch Sie feststellen.

Die in den Charts zu findenden Instrumente werden uns zusammen mit dem historischen Kursverhalten helfen, die potenzielle Richtung der Märkte mit großer Genauigkeit zu verstehen und vorherzusagen. Aber auch wenn wir uns auf die technische Analyse konzentrieren, werden wir auch einige wichtige Grundlagen und deren Nutzung für bessere Gewinne beim Daytrading behandeln.

Als Nächstes betrachten wir die Candlestick-Muster.

<h1 style="text-align:center">>> KAPITEL 8 <<</h1>

CANDLESTICK-MUSTER

Die Candlesticks, über die wir hier sprechen, sind eigentlich vollständig als "japanische Candlesticks" bekannt. Sie wurden von einem japanischen Trader erfunden und gewannen in den 90er Jahren an Popularität. Seit ihre Bedeutung entdeckt wurde, sind japanische Candlestick-Charts heute die beliebteste Art von Handelscharts.

Anatomie der Candlesticks

Japanische Candlesticks enthalten sehr wichtige Informationen über den Markt. Ein Trader kann den Markt wie ein offenes Buch lesen, sobald er die Anatomie eines Candlesticks versteht. Dies ist in der Regel der erste und sehr wichtige Schritt zum erfolgreichen Handel. Sie müssen verstehen, was der Markt oder der Preis tut, damit Sie die richtigen Entscheidungen treffen können. In diesem Kapitel werden wir die Candlesticks aufschlüsseln und verstehen, was die einzelnen Formen und Muster über den Markt aussagen.

Bevor wir beginnen, möchte ich klarstellen, dass unsere bullischen Kerzen weiße Körper und schwarze Spitzen haben werden, während die bärischen Kerzen schwarze Körper und schwarze Dochte haben werden. Sie können jede beliebige Farbe verwenden, indem Sie sie in Ihrem MT5 ändern. Klicken Sie dazu mit der rechten Maustaste in Ihr Chart-Fenster, klicken Sie auf "Eigenschaften" und passen Sie die Farben nach Ihren Wünschen an.

Schwarze Kerzen sind bärisch, weiße Kerzen sind bullisch

Kerzen-Körper

Wenn Sie sich Ihre Charts ansehen, werden Sie feststellen, dass die Candlesticks in verschiedenen Größen vorliegen. Einige sind sehr klein, andere wiederum riesig. Diese Größen haben tatsächlich eine Bedeutung!

Die kurzen Körper bedeuten, dass es kaum Kauf- oder Verkaufsaktivitäten gab. Die kurzen weißen Kerzen bedeuten, dass es wenig Kaufaktivität gab. Die kurzen schwarzen Kerzen bedeuten, dass es wenig Verkaufsaktivität gab.

Andererseits bedeuten lange Kerzen, dass viel gekauft oder verkauft wurde. Lange weiße Kerzen bedeuten, dass es viele Käufe gab und die Bullen den Markt beherrschten. Umgekehrt bedeuten lange schwarze Kerzen, dass es viele Verkäufe gab und die Bären den Markt beherrschten. Je länger die Kerze, desto mehr Kauf- oder Verkaufsaktivitäten gab es auf dem Markt.

Kerzen-Dochte

Die Dochte auf den Kerzen enthalten ebenfalls sehr wichtige Informationen.

Die Dochte auf der Oberseite der Kerzen zeigen, dass die Bullen die Preise hochgetrieben haben, bevor die Verkäufer auf den Plan traten und den Preis nach unten drückten. Die Dochte auf der unteren Seite zeigen, dass die Verkäufer versucht haben, den Preis zu senken, aber die Bullen kamen ins Spiel und trieben den Preis nach oben. Als Trader sollten Sie den Markt immer als eine Schlacht betrachten, in der die Bullen immer gegen die Verkäufer kämpfen, da diese versuchen, die Richtung der Märkte zu kontrollieren.

Lange Dochte auf der Oberseite einer Kerze zeigen an, dass ein großer Kaufdruck herrschte und die Käufer den Markt eine Zeit lang beherrschten, bevor die Bären mit mehr Macht auftraten und die Preise senkten. Kurze Dochte auf der Oberseite zeigen, dass es keinen Kaufdruck gab oder die Bullen nicht daran interessiert waren, die Preise über dieses Level hinaus zu treiben.

Ebenso zeigen lange Dochte auf der Unterseite einer Kerze an, dass die Bären einen hohen Verkaufsdruck ausübten, die Bullen jedoch mit mehr Kraft eintraten und die Preise anhoben. Kurze Dochte auf der Unterseite einer Kerze deuten auf geringen Verkaufsdruck oder mangelndes Interesse an weiteren Verkäufen seitens der Bären hin.

Die leistungsstärksten Candlestick-Patterns

Candlesticks werden durch das Preisverhalten gebildet, das im Handel als Price Action bekannt ist. Diese Charts können als eigenständige Analyseinstrumente oder als Bestätigung für Handelssignale verwendet werden. Trader fügen den Candlestick-Charts auch Roboter und Indikatoren hinzu, um ihre Genauigkeit zu verbessern.

Zuweilen bilden die Märkte interessante Kerzenformationen, die sehr wichtige Informationen enthalten. Price Action Trader halten immer Ausschau nach diesen Formationen, die wir als "Muster" bezeichnen wollen. Wenn diese Muster auftreten, sagen sie uns, dass der Markt etwas tun wird. Ein bestehender Trend (Kursrichtung) kann sich fortsetzen oder umkehren, nachdem sich ein spezielles Candlestick-Muster gebildet hat.

Candlestick-Muster können durch eine oder mehrere Kerzen in einer Sequenz gebildet werden. Auf dieser Ebene werden wir uns mit Mustern befassen, die von einzelnen, doppelten und dreifachen Kerzen gebildet werden.

Einzelne Candlestick-Patterns

Diese Muster bestehen aus einer einzigen Kerze, die eine besondere Anatomie aufweist. Hier sind einige der wichtigsten Single-Candlestick-Muster.

Doji

Ein Doji ist das am einfachsten zu erkennende Muster in Ihren Charts. Es wird gebildet, wenn der Kurs eröffnet und auf demselben Level schließt, auf dem er eröffnet wurde. Aus diesem Grund sieht ein Doji-Muster immer wie ein einfacher Strich (-) aus. Wenn ein Doji Dochte hat, sieht er wie ein Kreuz aus, obwohl die horizontale Linie in ihrer Position variiert. Die Tatsache, dass der Kurs zum gleichen Preis eröffnet und geschlossen wurde, bedeutet, dass die Bullen und Bären gleich stark waren. Darüber hinaus ist ein Doji weder eine bullische noch eine bärische Kerze. Es wird daher als Zeichen der Unentschlossenheit angesehen. Wenn ein Doji auftritt, muss der Trader auf andere Zeichen warten, um zu wissen, wohin sich der Markt bewegen wird. Es ist möglich, dass der Markt nach der Bildung eines Doji eine Umkehrung vollzieht oder sich weiterhin stark in dieselbe Richtung bewegt.

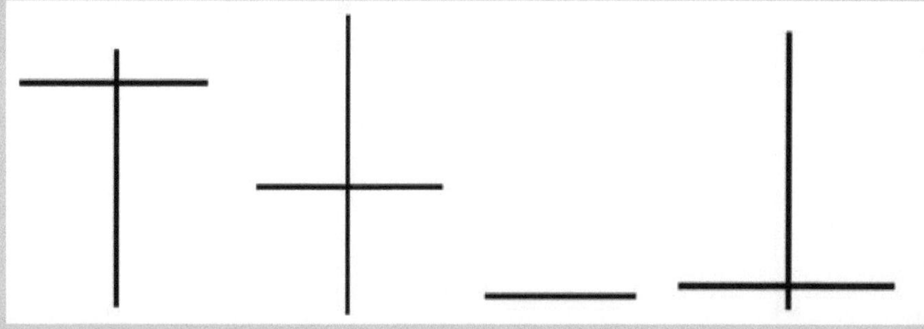

Übliche Doji-Formationen

Gehen Sie zurück zu Ihrem MT5 und versuchen Sie, einige Dojis in den Charts zu finden. Was geschah nach dem Doji?

Spinning Top

Ein Spinning Top ist eine Kerze mit einem sehr kleinen Körper und Dochten, die auf beiden Seiten länger sind als der Körper. Spinning Tops deuten auf intensive Kämpfe zwischen Bullen und Bären hin, die in der Regel mit einem Unentschieden enden. Kurz gesagt, ein Spinning Top zeigt, dass weder Käufer noch Verkäufer den Markt beherrschen. Anders als der Doji kann ein Spinning Top sowohl bärisch als auch bullisch sein.

Wenn ein Spinning Top auftritt, während der Kurs sich nach oben bewegt (Aufwärtstrend), kann dies ein Hinweis darauf sein, dass die Käufer schwächer werden, und der Markt könnte sich umkehren und eine Abwärtsbewegung beginnen (Abwärtstrend). Tritt ein Spinning Top auf, wenn sich der Kurs in einem Abwärtstrend befindet, könnte dies bedeuten, dass die Verkäufer erschöpft sind und der Kurs in einen Aufwärtstrend übergehen könnte.

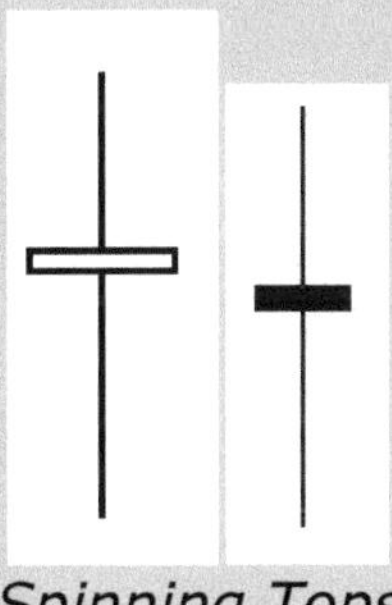

Spinning Tops

Öffnen Sie Ihre Charts und versuchen Sie, Spinning Tops zu finden. Schauen Sie, was auf dem Markt geschah, nachdem sie gebildet wurden.

Marubozu

Achten Sie nicht auf einige dieser neuen Kerzenbezeichnungen, die Sie vielleicht noch nie gehört haben, wie Doji und Marubozu. Es handelt sich um japanische Namen, die vom Erfinder der Candlesticks geprägt wurden. Sie lernen also nicht nur Daytrading, sondern auch ein bisschen Japanisch :)

Nun, Marubozu ist eine andere Art von Kerzen, die sehr leicht zu erkennen ist. Sie erscheinen als Kerzen mit Körper und ohne Docht. Sie können bullisch oder bärisch sein.

Wenn ein Marubozu erscheint, zeigt es, dass entweder die Kauf- oder die Verkaufsaktivität sehr stark war. Ein bullisches Marubozu zeigt an, dass der Kurs niedrig eröffnete und hoch stieg, ohne überhaupt nach unten gedrückt zu werden. Es gab also nur sehr wenige Verkäufer, oder sie wurden überwältigt. Ein bärisches Marubozu zeigt an, dass die Verkäufer sehr stark waren und die Käufer nicht in der Lage waren, den Preis weiter nach oben zu treiben.

Ein Marubozu wird als Fortsetzungsmuster betrachtet, weil sich der zu diesem Zeitpunkt vorherrschende Trend fortsetzt, wenn er auftritt.

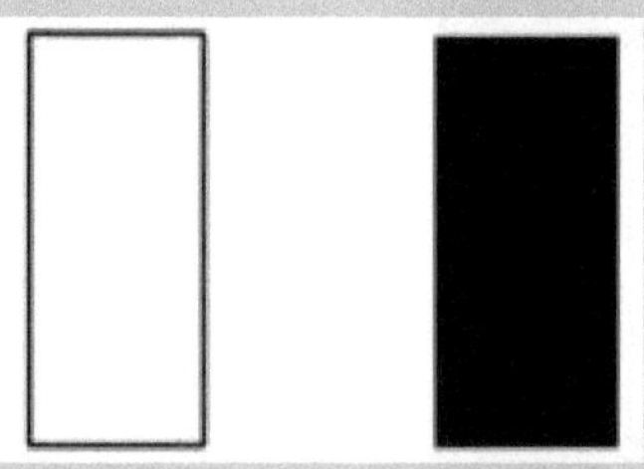

Marubozu-Kerzen

Hanging Man

Eine Hanging Man Candlestick-Formation ist eine bärische Kerze, die einen kleinen Körper, einen kleinen oder gar keinen Docht an der Spitze und einen sehr langen Docht an der Unterseite aufweist.

Wenn er sich während eines Aufwärtstrends bildet, kann er eine Trendumkehr vorhersagen. Kurz gesagt, der Markt könnte anfangen zu fallen. Versuchen Sie, diese Information zu überprüfen, indem Sie sich ansehen, wo ein Hanging Man während eines steigenden Marktes gebildet wurde.

Hanging Man Candlestick-Muster

Hammer

Eine Hammerkerze sieht aus wie der Hanging Man, nur dass es sich dabei um eine bullische Kerze handelt, die nur dann relevant ist, wenn sie sich während eines Abwärtstrends bildet. Sie hat einen kleinen Körper mit einem kleinen oder gar keinem Docht an der Spitze und einem sehr langen Docht an der Unterseite.

Wenn er sich während eines Abwärtstrends bildet, könnte dies ein Hinweis darauf sein, dass sich der Trend umkehrt und ein Aufwärtstrend beginnt.

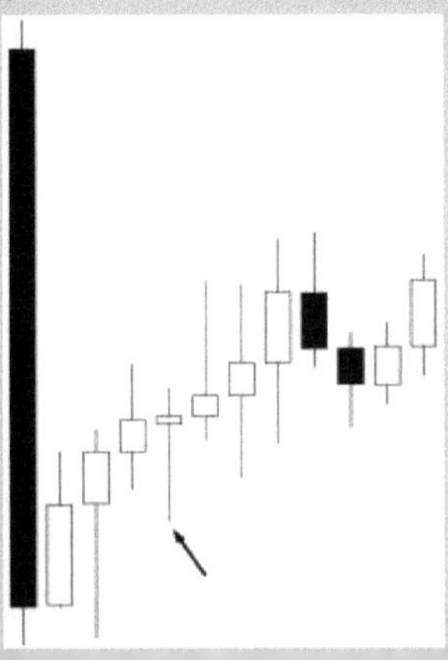

Hammer-Kerzen-Muster

Shooting Star

Die Shooting Star und der umgekehrte Hammer sehen aus wie der hängende Mann und der auf den Kopf gestellte Hammer.

Der Shooting Star ist eine bärische Kerze mit einem kleinen Körper, einem langen Docht an der Oberseite und einem winzigen oder gar keinem Docht an der Unterseite. Diese Formation ist nur während eines Aufwärtstrends relevant, und wenn sie auftritt, ist sie ein Hinweis darauf, dass sich der Trend umkehren könnte.

Shooting Star-Kerzen-Formation

Umgekehrter Hammer

Ein umgekehrter Hammer ist nur dann von Bedeutung, wenn er sich während eines Abwärtstrends bildet. Es handelt sich um eine bullische Kerze, die eine potenzielle Umkehrung eines Abwärtstrends in einen Aufwärtstrend anzeigt. Er hat einen kleinen Körper, einen langen oberen Docht und einen kleinen oder keinen Docht auf der unteren Seite.

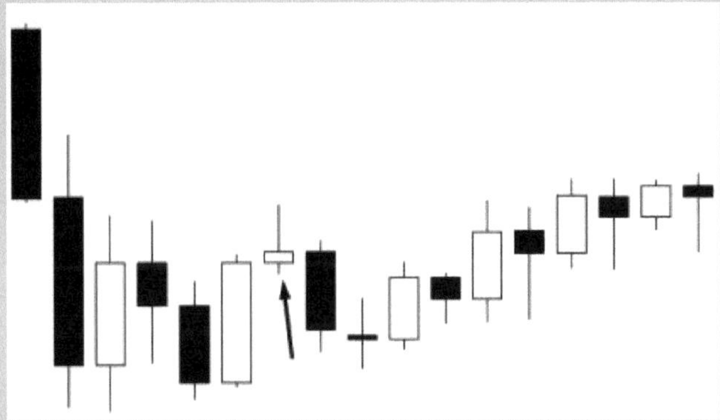

Umgekehrte Hammer-Kerze

Doppelte Candlestick-Patterns

Haben Sie die Magie gesehen, die passiert, nachdem die oben genannten Einzelkerzenmuster gebildet wurden? Ja, sie funktionieren!

Wenn Sie von der Magie der Einzelkerzenmuster beeindruckt waren, dann bereiten Sie sich darauf vor, von der Kraft der doppelten Candlestick-Muster überwältigt zu werden. Sie werden feststellen, dass die Muster mit mehreren Kerzen noch mächtiger sind. Lassen Sie uns sehen, ob diese Tatsache wahr ist.

Bullish-Engulfing-Pattern

Ein Bullish-Engulfing-Muster besteht aus zwei Candlesticks. Die bärische Kerze muss sich auf der linken Seite und die bullische Kerze auf der rechten Seite befinden. Das Unterscheidungsmerkmal eines bullischen Engulfing-Musters ist, dass die bullische Kerze einen größeren Körper als die bärische Kerze haben sollte und diese vollständig verschlingt (überdeckt).

Dieses Muster ist nur während eines Abwärtstrends von Bedeutung und deutet in der Regel darauf hin, dass sich der Trend in einen Aufwärtstrend umkehren könnte.

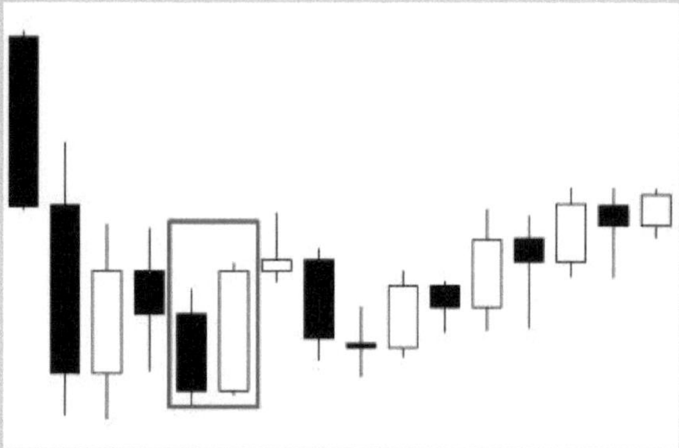

Bullish-Engulfing-Muster

Bearish-Engulfing-Pattern

Ein Bearish-Engulfing-Pattern ist das Gegenteil des Bullish-Engulfing-Patterns. Es entsteht, wenn eine bullische Kerze auf der linken Seite vollständig von einer größeren bärischen Kerze auf der rechten Seite überdeckt wird.

Dieses Muster ist nur gültig, wenn es während eines Aufwärtstrends auftritt und sagt normalerweise das Ende des Aufwärtstrends und den Beginn eines Abwärtstrends voraus.

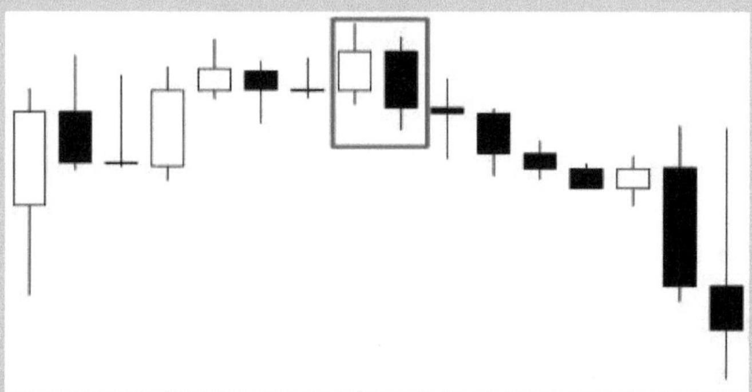

Bearish-Engulfing-Pattern

Tweezer-Top-Pattern

Ein Tweezer-Top-Pattern entsteht, wenn eine bullische Kerze mit kleinem Körper, kleinem oberen Docht und ohne unteren Docht erscheint, gefolgt von einer bärischen Kerze mit kleinem Körper, kleinem oberen Docht und ohne Docht am unteren Ende. Kurz gesagt, die beiden Kerzen müssen sich ähneln und unterscheiden sich nur darin, dass die eine bullisch und die andere bärisch ist.

Das Muster ist nur gültig, wenn es während eines Aufwärtstrends auftritt, und signalisiert in der Regel, dass der Trend schwach wird und in einen Abwärtstrend umschlagen könnte.

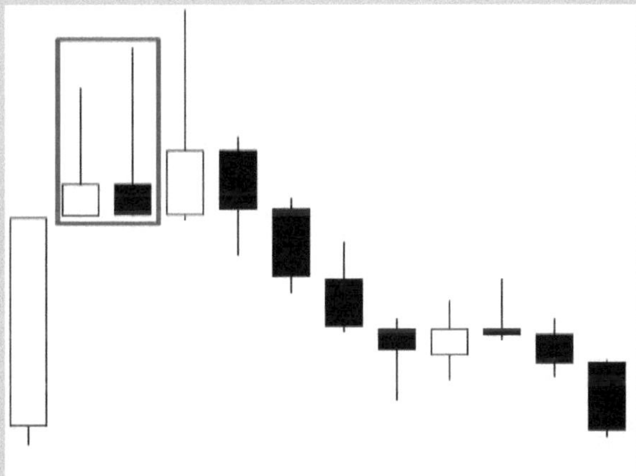

Bildung von Tweezer-Top-Pattern

Tweezer-Bottom-Pattern

Ein Tweezer-Bottom-Pattern ist das Gegenteil des Tweezer-Top-Pattern. Es besteht aus einer bärischen Kerze auf der linken Seite mit einem kleinen Körper, ohne Docht an der Oberseite und einem langen Docht an der Unterseite, gefolgt von einer bullischen Kerze mit einem kleinen Körper, ohne Docht an der Oberseite und einem langen Docht an der Unterseite.

Ein Tweezer Bottom ist nur dann von Bedeutung, wenn er sich während eines Abwärtstrends bildet. Er signalisiert ein mögliches Ende des Abwärtstrends und den Beginn eines Aufwärtstrends.

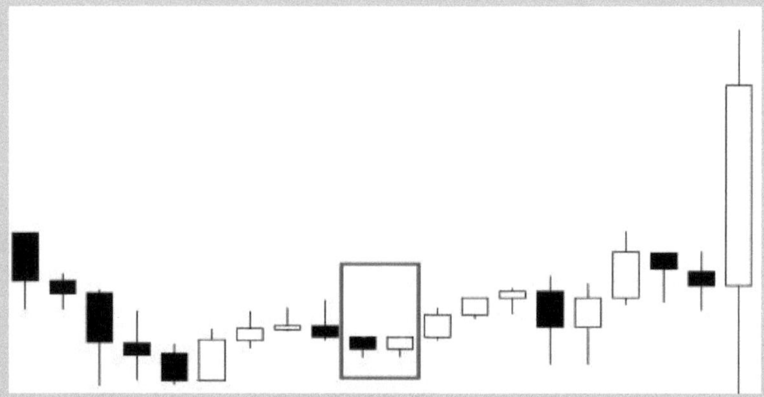

Tweezer-Bottom-Pattern

Dreifache Candlestick-Patterns

Da Sie immer wieder versuchen, diese interessanten Kerzenmuster in Ihren Charts zu finden, ist Ihnen vielleicht aufgefallen, dass Doppelkerzenformationen schwieriger zu finden sind. Das ist wahr. Aber das ist auch gut so, denn es bedeutet, dass in naher Zukunft etwas passieren wird, wenn eine von ihnen auftaucht. Daher sollten Sie Ihre Charts sehr aufmerksam beobachten, denn diese Muster sind sehr selten zu finden, und wenn Sie eines verpassen, verlieren Sie eine gute Handelsmöglichkeit.

In diesem Teil werden wir uns die mächtigsten Drei-Kerzen-Muster ansehen, die wir im Daytrading verwenden können.

Evening Star

Das Evening-Star-Pattern wird durch drei Kerzen gebildet. Auf der linken Seite sollte sich eine große bullische Kerze (kein Doji) befinden, gefolgt von einer viel kleineren bullischen Kerze in der

Mitte und einer großen bärischen Kerze auf der rechte Seite, die größer ist als die Hälfte der Kerze auf der linken Seite.

Dieses Muster ist gültig, wenn es sich während eines Aufwärtstrends bildet. Es signalisiert ein mögliches Ende des Trends und eine Umkehrung in einen Abwärtstrend.

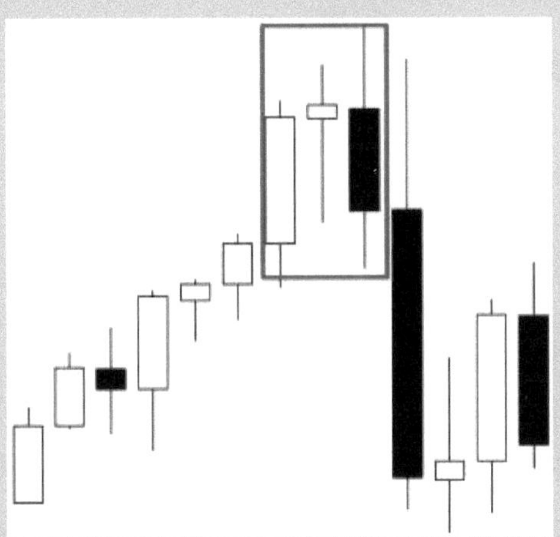

Evening-Star-Pattern

Morning Star

Eine Morning-Star-Formation ist das Gegenteil des Evening-Star-Patterns. Sie besteht aus einer großen bärischen Kerze auf der linken Seite, einer viel kleineren bärischen Kerze in der Mitte und einer großen bullischen Kerze auf der rechten Seite. Die bullische Kerze muss mehr als halb so groß sein wie die Kerze auf der linken Seite.

Das Muster ist gültig, wenn es sich während eines Abwärtstrends bildet. Es weist den Trader auf ein mögliches Ende der Abwärtsbewegung und den möglichen Beginn eines Aufwärtstrends hin.

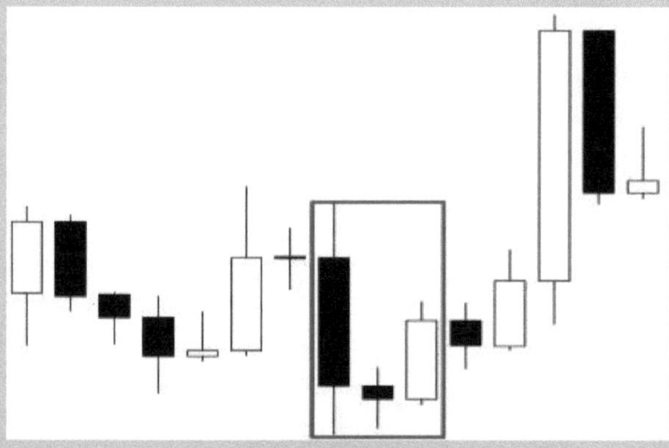

Morning-Star-Pattern

Drei bullische Soldaten

Das Candlestick-Muster der drei bullischen Soldaten besteht aus drei bullischen Kerzen. Die erste Kerze sollte klein sein, gefolgt von einer größeren bullischen Kerze, die einen winzigen Docht an der Spitze hat, und schließlich einer viel größeren bullischen Kerze, die einen winzigen oder gar keinen Docht hat.

Dies ist ein Umkehrmuster, das nur während eines Abwärtstrends verwendet werden sollte. Wenn es erscheint, bedeutet es, dass der Abwärtstrend schwach wird und die Bullen stärker werden.

Drei bullische Soldaten

Drei bärische Soldaten

Das Muster der drei bärischen Soldaten ist das direkte Gegenteil des Musters der drei bullischen Soldaten. Es besteht aus drei bärischen Kerzen, wobei die linke Kerze klein ist, gefolgt von einer größeren Kerze mit kleinen Dochten und schließlich einer größeren Kerze mit wenig oder keinen Dochten.

Dieses Muster ist nur während eines Aufwärtstrends von Bedeutung. Wenn es sich bildet, ist es ein Hinweis darauf, dass der Trend schwach wird und bald ein Abwärtstrend einsetzen könnte. Die wachsenden bärischen Kerzen zeigen, dass die Verkäufer stärker werden.

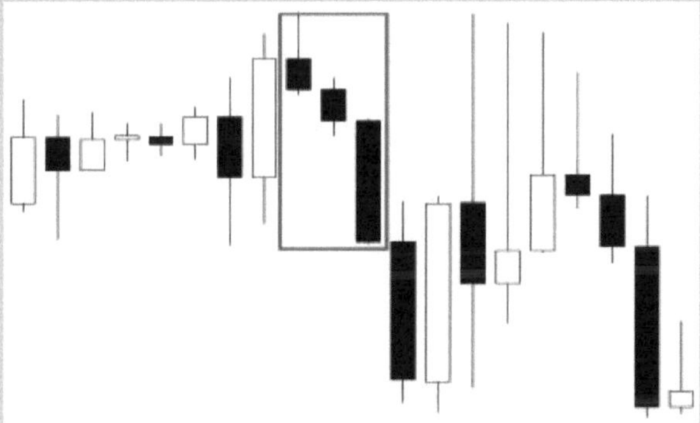

Drei bärische Soldaten

Aufsteigende Drei

Die steigende Drei-Kerzen-Formation besteht aus fünf Kerzen, von denen allerdings nur drei die wichtigsten sind. Sie besteht aus drei kleinen bärischen Kerzen, die zwischen zwei großen bullischen Kerzen eingebettet sind. Die Kerze auf der rechten Seite muss höher schließen als die große Kerze auf der linken Seite.

Dieses Muster ist nur bei steigenden Märkten (Aufwärtstrend) gültig, und wenn es auftritt, bedeutet es eine Fortsetzung des bestehenden Trends.

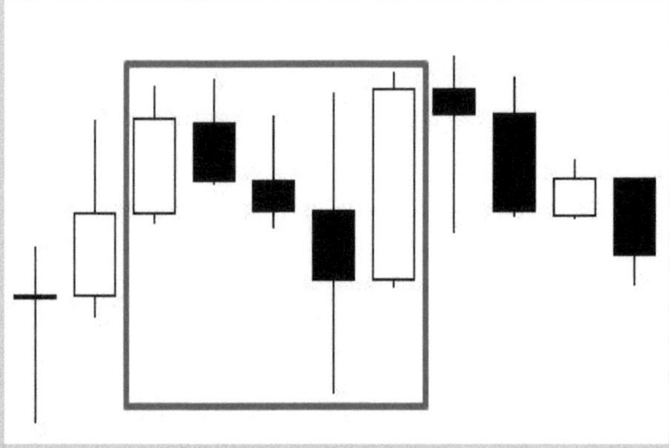

Steigendes Dreier-Pattern

Fallende Drei

Genau wie das Muster der steigenden drei Kerzen besteht auch die fallende Drei aus fünf Kerzen. Dieses Mal sind jedoch drei kleine bullische Kerzen in zwei großen bärischen Kerzen eingeschlossen. Die bärische Kerze auf der rechten Seite des Musters sollte niedriger schließen als die erste große bärische Kerze.

Die Methode der fallenden Drei wird nur bei Abwärtstrends verwendet. Wenn sie auftritt, bedeutet dies, dass der Abwärtstrend wahrscheinlich anhalten wird.

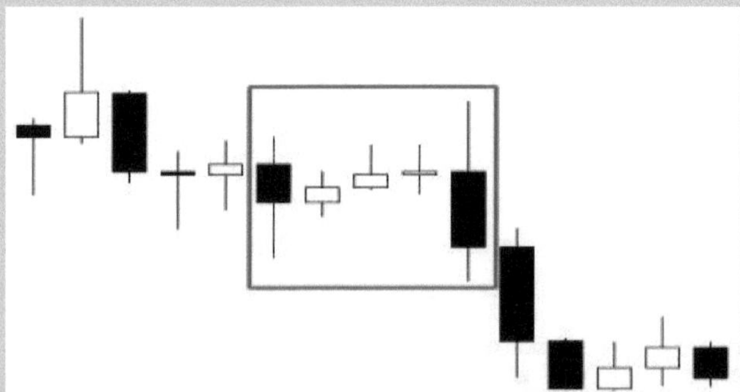

Fallendes Dreier-Pattern

Zusammenfassung

Voilà! Sie haben soeben Ihre erste Lektion absolviert! Wie war's? Haben Sie versucht, diese erstaunlichen Muster in Ihrem MT5-Chart zu finden?

Nun, Candlesticks sind der erste Schritt zum Verständnis und zur Analyse der Märkte, aber Sie können die Informationen, die Sie bereits gelernt haben, versuchen umzusetzen. Ich meine, Sie können jetzt auf die Muster warten, die sich bilden, und sehen, wie sich die Preise danach bewegen. Wir können die Formationen der Vergangenheit nicht nutzen, da die vorangegangenen Marktbewegungen uns bereits verlassen haben. Verwenden Sie jedoch von nun an die Demo von Metaquotes MT5 und das Kapital, um zu verkaufen oder zu kaufen, wenn Sie sehen, dass sich eines dieser Muster bildet.

Um einen Handel zu platzieren, klicken Sie auf die Schaltfläche oben links im Fenster, wo Sie das/die sich bildende(n) Muster sehen. Klicken Sie auf die Schaltfläche "Verkaufen", wenn Sie sehen, dass sich ein Abwärtstrend gebildet hat, oder auf die Schaltfläche "Kaufen", wenn sich ein Aufwärtstrend gebildet hat. Denken Sie daran, dass Sie gerade erst anfangen. Wenn Sie also Verluste machen, bedeutet das nicht, dass Sie bereits verloren haben. Sie haben noch einen langen Weg vor sich, und der Prozess wird nur noch interessanter werden.

Abschließend hoffe ich, dass Ihnen diese Lektion gefallen hat und dass Sie alle Muster in Ihren Charts finden konnten. Ich verstehe, dass die Drei-Kerzen-Muster schwieriger zu finden sind, und das ist ganz normal. Es steht Ihnen frei, jedes handelbare Instrument auf Ihrer Plattform zu verwenden. Wie wir zu Beginn sagten, können die Lektionen, die Sie erhalten werden, auf jedem Markt angewendet werden.

» KAPITEL 9 «
UNTERSTÜTZUNG UND WIDERSTAND

Immer wenn Menschen versuchen, den Handel zu erklären, raten sie anderen gerne, "niedrig zu kaufen und hoch zu verkaufen". Das ist eine sehr wahre und wichtige Tatsache, aber das größte Problem ist, dass es in der Regel keine klare Erklärung dafür gibt, wie man die Hochs und Tiefs findet. In diesem Abschnitt des Buches werden wir lernen, wie man die besten Bereiche zum Kaufen und Verkaufen findet.

Liebe Leserin, lieber Leser, willkommen bei einem weiteren der wichtigsten Konzepte des Handels: Unterstützung und Widerstand.

Was sind Unterstützung und Widerstand?

Im Allgemeinen sind Unterstützungs- und Widerstandszonen die Bereiche auf dem Markt, in denen ein Rohstoff ein interessantes Verhalten zeigen dürfte. In den meisten Fällen ist das erwartete Verhalten an diesen Zonen gegenläufig. Im Handel wird diese Opposition als "Ablehnung" bezeichnet. Kurz gesagt, wenn der Preis die Zonen berührt, kann er in die entgegengesetzte Richtung umkehren. Wenn also ein bestimmter Index gestiegen ist, könnte er, wenn er eine wichtige Widerstandszone erreicht, langsamer werden und in einen Abwärtstrend übergehen. In ähnlicher Weise kann eine Aktie, die sich abwärts bewegt hat, eine besondere Zone erreichen, sich dann verlangsamen und umkehren. Manchmal entscheiden sich die Märkte dafür, trotzig zu sein und sich der

Ablehnung zu widersetzen, um dann an diesen wichtigen Zonen vorbeizuziehen.

Der Markt ist immer ein Schlachtfeld für Käufer und Verkäufer. Wie in jedem Krieg hat jede Seite ihr Territorium, und wenn der
Feind sich dem Territorium des Gegners nähert, läuft er Gefahr, den Krieg zu verlieren. Dieses Konzept gilt auch für den Markt, wo Verkäufer und Käufer ihr Territorium haben. So kann es vorkommen, dass der Markt in das Gebiet der Verkäufer eindringt, und da diese dort sehr stark sind, werden sie ihn nach unten schicken. Nähert sich der Markt hingegen dem Gebiet der Käufer, werden diese ihn mit starken Käufen überfallen. Das Ergebnis wird ein steigender Markt sein.

Unterstützung

Unterstützungszonen sind die Zonen, die unter der aktuellen Marktposition liegen und in denen der Preis wahrscheinlich langsamer steigen, umkehren oder Zeit brauchen wird, um sie zu durchbrechen. Sie werden als Unterstützungszonen bezeichnet, weil sie den Markt daran hindern sollen, noch tiefer zu fallen. In diesen Zonen gibt es viele Käufer, die darauf warten, dass der Markt dort ankommt, damit sie ihn kaufen können. Wenn Sie ein paar Lektionen zurückgehen, erinnern Sie sich, dass wir gesagt haben, dass der Markt dazu neigt, seine Geschichte zu wiederholen. Deshalb schauen sich Trader ihre Charts an und identifizieren die besten Unterstützungszonen und warten dann darauf, dass der Preis dort ankommt. Wenn dies der Fall ist, werden sie weitere Analyseinstrumente wie Umkehr- oder Fortsetzungskerzenmuster verwenden und dann kaufen, sobald sie die Bestätigung erhalten.

Das folgende Bild zeigt die Unterstützungszonen in einem Markt.

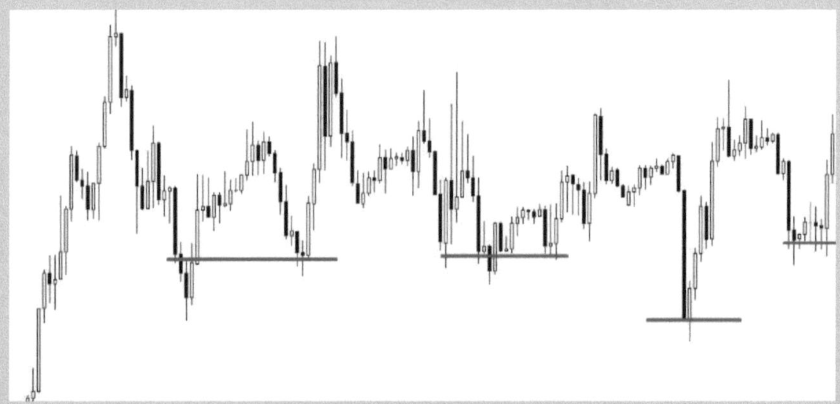

Unterstützungszonen

Aus dem obigen Bild können Sie ersehen, dass der Kurs, sobald er die Unterstützungszonen erreicht hat, abprallt und nach oben geht. Das liegt daran, dass viele Käufer diese wichtigen Bereiche beobachten und dort Kaufgeschäfte platzieren.

Widerstand

Widerstandszonen sind die Bereiche oberhalb der aktuellen Marktposition, in denen sich der Kurs wahrscheinlich verlangsamen, umkehren oder Zeit brauchen wird, um sie zu durchbrechen. Sie werden als Widerstandszonen bezeichnet, da sie versuchen, den Markt an einem weiteren Anstieg zu hindern. Widerstandsbereiche sind die Hochburgen der Verkäufer. Wenn der Markt also diese Zonen erreicht, besteht die Chance, dass viele Verkäufer Verkaufsgeschäfte tätigen und den Markt wieder nach unten schicken. Genau wie bei den Unterstützungszonen werden Trader die Widerstandsbereiche identifizieren und dann warten, bis der Kurs sie berührt. Danach können sie weitere Analyseinstrumente anwenden und, wenn es für sie angemessen ist, Verkaufstrades eröffnen.

Das folgende Bild zeigt die Widerstandszonen auf dem Goldmarkt.

Widerstandszonen

Wie Sie aus dem Bild ersehen können, würde der Kurs nach dem Berühren der wichtigen Widerstandszonen nach unten gehen. Das liegt daran, dass viele Trader immer auf diese Levels achten, und wenn der Preis sie erreicht, führen sie Verkaufsgeschäfte durch.

Nun, da Sie wissen, was die Begriffe Unterstützung und Widerstand bedeuten, ist es an der Zeit, sich Ihre Charts anzusehen und so viele Unterstützungs- und Widerstandszonen zu markieren, wie Sie sehen können.

Wie man Unterstützungs- und Widerstandszonen identifiziert

Wenn Sie sich die Mühe gemacht haben, diese Zonen in Ihren Charts zu identifizieren, haben Sie wahrscheinlich festgestellt, dass einige von ihnen sehr klein sind, während andere sehr groß sind. Um die Genauigkeit und Zuverlässigkeit Ihrer Handelssignale zu gewährleisten, werden wir uns nur die stärksten Zonen ansehen.

Woran erkennen wir also, dass eine Zone stark ist?

Wiederholung

Die erste Methode zur Ermittlung der stärksten Unterstützungs- und Widerstandszonen besteht darin, zu prüfen, wie oft der Markt den Bereich erreicht hat und zurückgewiesen wurde. Geringfügige Zonen werden nur einmal berührt, und dann sieht man, dass der Kurs sie später durchbrochen hat. Die stärkeren Zonen hingegen werden vom Kurs mehrmals berührt und zurückgewiesen, oder es bedarf mehrerer Versuche, bis der Kurs sie schließlich durchbricht. Je öfter eine Zone vom Kurs getestet wird, desto stärker wird sie.

Schauen wir uns ein Beispiel für eine starke Widerstandszone an.

Eine starke Widerstandszone

Das obige Bild zeigt einen starken Widerstandsbereich, der durch das rote Rechteck gekennzeichnet ist. Wir bezeichnen ihn als starke Widerstandszone, weil der Markt mehrfach versucht hat, ihn zu durchbrechen, aber gescheitert ist.

Im Bereich 1 hat der Markt versucht, den Widerstand zu durchbrechen, aber die Verkäufer haben sich geweigert, den Kurs noch weiter steigen zu lassen. In den Bereichen 2, 3 und 5 ging der Markt sofort nach unten; er berührte den Widerstand. Im Bereich 4 waren die Verkäufer zu sehr darauf bedacht, zu verkaufen, und sie taten es, noch bevor die Zone berührt wurde.

Hinweis: Unterstützungs- und Widerstandszonen sind keine Linien. Wenn Sie sie zeichnen, sollten Sie sie daher als Zonen (breite Bereiche) betrachten. Verwenden Sie das Rechteck-Werkzeug in Ihrem MT5, um die starken Zonen zu zeichnen. Klicken Sie dazu auf "Einfügen", dann auf "Objekte", dann auf "Formen" und wählen Sie die Option "Rechteck". Klicken und ziehen Sie innerhalb des Charts, um Ihre Zonen zu zeichnen.

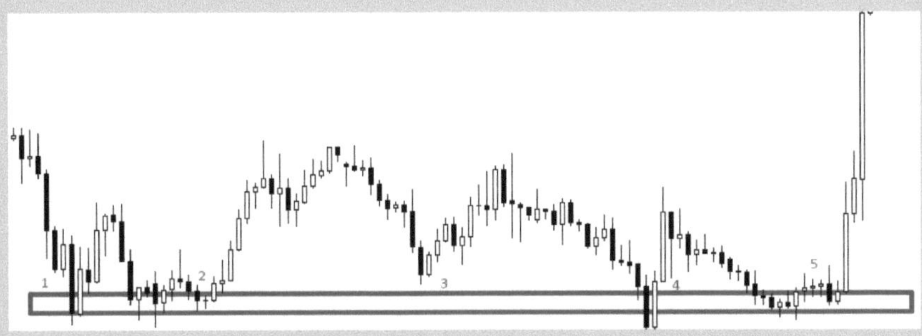

Eine starke Unterstützungszone

In der obigen Abbildung können wir erkennen, dass die Zone recht stark ist, da sie fünfmal getestet wurde. In den Bereichen 1 und 2 berührte der Kurs die Zone und verlangsamte sich. Er ist weder nach oben abgeprallt noch hat er die Zone nach unten durchbrochen. Im Bereich 3 berührte er die Zone und stieg an, bevor er die Unterstützungszone im Bereich 4 erneut testete. Zwischen den Zonen 4 und 5 verlangsamte er sich, bevor die Bullen einen starken Aufwärtstrend einleiteten. In diesem Fall können wir sagen, dass die Bullen den Krieg gewonnen haben.

Candlestick-Formationen

Die zweite Möglichkeit, starke Unterstützungs- und Widerstandszonen zu identifizieren und zu validieren, besteht darin, das Verhalten der Kerzen zu beobachten, wenn sie die Zonen berühren.

Ablehnungen

Das interessanteste und aufschlussreichste Anzeichen dafür, dass der Markt eine starke Zone erreicht hat, ist, dass die Kerzenständer sehr lange Dochte aufweisen. Wenn Sie sich die beiden obigen Abbildungen ansehen, werden Sie feststellen, dass der Markt, wenn er eine Widerstandszone erreicht, meist sehr lange Dochte auf der Oberseite bildet. Wissen Sie noch, was Dochte bedeuten? Ja, die langen Dochte auf der Oberseite bedeuten, dass die Bullen versucht haben, den Preis nach oben zu treiben, aber die Bären haben das nicht zugelassen und die Preise nach unten gedrückt.

Das Gleiche gilt für die Unterstützungszone. Sie können sehen, dass die Kerzen, als der Preis diese Zone berührte, lange Dochte auf der Unterseite bildeten. Das bedeutet, dass die Bären versucht haben, die Kurse nach unten zu drücken, aber die Bullen haben das nicht zugelassen. Da es sich um eine bullische Hochburg handelt, haben die Bären den Kampf verloren, und die Kurse stiegen.

Kürzere Kerzen

Ein weiteres Anzeichen dafür, dass die Kurse eine wichtige Zone erreicht haben, ist, dass die Kerzen immer kürzer (kleiner) werden. Sie haben kleine Körper und Dochte. Die Erklärung dafür ist ganz einfach: Die Trader achten immer auf die wichtigen Levels auf dem Markt. Wenn sich der Kurs z. B. einer Widerstandszone nähert, schließen die Trader ihre Kaufgeschäfte, da sie eine Kursumkehr erwarten. Dies führt zu einem Rückgang des Marktvolumens und damit zu der geringen Handelsaktivität, die sich in den kurzen Kerzen zeigt.

Die kurzen Kerzen zeigen auch, dass die Bullen und Bären darauf warten, dass der jeweils andere eine Bewegung macht, damit sie sich dagegen wehren können. Zu diesem Zeitpunkt will niemand kaufen oder verkaufen. Sobald jedoch eine eindeutige Richtung festgelegt wurde, beginnen die Kerzen zu wachsen.

Gehen Sie zurück zu den obigen Charts und prüfen Sie, ob dies zutrifft. Überprüfen Sie auch die Bereiche, in denen Sie die

Unterstützungs- und Widerstandszonen in Ihren MT5-Charts eingezeichnet haben. Trifft dieses Konzept zu?

Zu diesem Zweck sind Sie nun in der Lage, die stärksten Unterstützungs- und Widerstandszonen auf dem Markt zu identifizieren. Lassen Sie uns nun sehen, warum diese Zonen beim Daytrading sehr wichtig sind.

Verwendung von Unterstützungs- und Widerstandszonen

Hoch verkaufen, niedrig einkaufen

Endlich können Sie diesen in der Handelsbranche überstrapazierten Ausdruck verstehen. Es ist ganz einfach: Wenn Sie sehen, dass sich der Kurs einer Unterstützungszone nähert, sollten Sie immer eine potenzielle Aufwärtsbewegung erwarten. Wir sagen "potenziell", weil nichts auf dem Markt sicher ist. Der Kurs könnte die Unterstützungszone erreichen und sich dann abschwächen, abprallen oder sie durchbrechen und weiter nach unten gehen. Was ich damit sagen will, ist, dass Sie niemals an einem Widerstandslevel kaufen oder an einem Unterstützungsbereich verkaufen sollten.

Es ist immer ratsam, sich mit der Mehrheit der Trader zu bewegen. Tatsächlich nutzen große Akteure wie Market Maker diese Punkte, um unser Geld zu kassieren. Unwissende Trader, die sich nicht an diese Regel halten, erleiden in der Regel Verluste. Kurz gesagt, üben Sie fleißig, um die stärksten Zonen zu identifizieren und warten Sie, bis die Märkte sie berühren, bevor Sie eine Handelsentscheidung treffen.

Erkennen der Marktrichtung

Die Marktrichtung, im Volksmund als "Trend" bezeichnet, ist eines der wichtigsten Konzepte, das Sie befolgen müssen, um in dieser Branche erfolgreich zu sein. Genauso wie Sie an Widerstandszonen verkaufen und an Unterstützungsbereichen kaufen sollten, sollten Sie immer entlang der

Hauptmarktrichtung handeln. Sie können nicht versuchen zu verkaufen, wenn die Mehrheit der Träder und die großen Akteure den Markt nach oben treiben. Es gibt eine gängige Redewendung, die man von Tradern hört: "Der Trend ist Ihr bester Freund".

Viele Trader hören von diesem Konzept, aber sie scheitern, weil sie nicht wissen, wie sie den Haupttrend erkennen können. Zum Glück für Sie wird dieser Leitfaden Ihnen zeigen, wie Sie dies am besten tun können.

Nun, auf dem Markt gibt es Dinge, die als Höchst- und Tiefststände bekannt sind. Die Höchststände sind die höchsten Punkte, die der Markt erreicht, bevor er wieder zurückgeht. Talsohlen sind die tiefsten Punkte, die der Markt erreicht, bevor er wieder ansteigt. Diese beiden Punkte sind kleinere Unterstützungs- und Widerstandspunkte. Wenn Sie die Punkte mit geraden Linien verbinden, ergibt sich eine Zickzack-Formation.

Höchst- und Tiefstpunkte

• **Aufwärtstrend**

Wenn sich die Spitzenwerte in größerer Folge bilden, spricht man von einem Aufwärtstrend des Marktes. Bildet sich ein neuer Höchststand, der höher ist als der vorherige, spricht man von einem Hoch. Während eines Aufwärtstrends bilden sich auch die Talsohlen in höherer Folge aus. Kurz gesagt, jeder neue Tiefpunkt liegt höher als der vorherige. Wenn dies der Fall ist, spricht man von einem Hoch-Tief. Wenn ein Markt gleichzeitig höhere Hochs und höhere Tiefs ausbildet, dann ist ein Aufwärtstrend entstanden. Während dieser Zeit sollten Sie nur nach Kaufgeschäften Ausschau halten.

• Abwärtstrend

Ein Abwärtstrend entsteht, wenn der Markt nacheinander niedrigere Höchst- und Tiefststände aufweist. Kurz gesagt, wenn ein Tiefpunkt tiefer liegt als der vorherige, haben wir eine absteigende Zickzack-Richtung, die wir einen Abwärtstrend nennen. Während eines Abwärtstrends bilden sich niedrigere Hochs und niedrigere Tiefs. In einem Abwärtstrend sollten Sie nur nach Verkaufsgeschäften Ausschau halten.

• Seitwärtsmarkt

Es gibt Zeiten, in denen sich der Markt weder nach oben noch nach unten bewegt. Das liegt daran, dass er zwischen zwei Unterstützungs- und Widerstandszonen gefangen ist. Wir bezeichnen dies als "Range" oder "Seitwärtsmarkt", da die Kursbewegung zwischen zwei Punkten festgelegt ist, die eine Spanne zwischen ihnen bilden. Man könnte meinen, dass der Handel aufhören muss, da sich der Markt in einer Spanne befindet. Falsch! Sobald Sie einen schwankenden Markt erkannt und bestätigt haben, können Sie die Bewegungen zwischen den beiden Zonen ausnutzen, um Geld zu verdienen. Viele erfahrene Trader raten Anfängern jedoch davon ab, mit schwankenden Märkten zu handeln, um zu vermeiden, dass sie bei einem Ausbruch auf der falschen Seite gefangen sind.

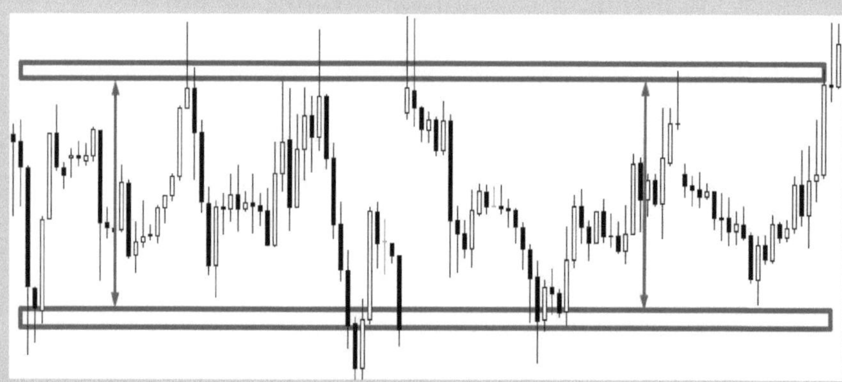

Seitwärtsmarkt

Zusammenfluss

Beim Handel kommt es zu einer Konfluenz, wenn zwei oder mehr Analyseinstrumente dasselbe vorhersagen. Zum Beispiel kann sich das Evening Star Candlestick-Muster (möglicher Abwärtstrend) an einem Widerstand bilden. In diesem Fall haben wir zwei Instrumente, die uns sagen, dass der Trend des Marktes, den wir gerade betrachten, nach unten gehen könnte.

Nun, Unterstützung und Widerstand sollten ein obligatorisches Instrument in Ihrem Handel sein. Sobald Sie den Candlestick-Chart erstellt haben, beginnen Sie damit, die wichtigsten Unterstützungs- und Widerstandszonen auf dem Markt zu identifizieren. Von dort aus können Sie die Zonen nutzen, um einen Zusammenfluss aufzubauen. Sie können darauf achten oder warten, dass sich auf den identifizierten Ebenen Kerzenmuster bilden. Ein Handelssignal, das von diesen beiden Instrumenten gestützt wird, erhöht die Wahrscheinlichkeit, dass es profitabel ist.

Wenn Sie weiter lesen, werden Sie weitere Instrumente kennenlernen, die Sie zum Aufbau von Konfluenz nutzen können. Je mehr Bestätigungen Sie über ein potenzielles Handelssignal erhalten, desto mehr Vertrauen werden Sie gewinnen, ganz zu schweigen davon, dass es sich als eine großartige Handelsmöglichkeit erweisen könnte.

Einstieg, Ausstieg, Stopp-Levels

Unterstützungs- und Widerstandszonen sind sehr wichtig, wenn es darum geht, Ihre Trades zu steuern. Sie können nicht blind in den Markt einsteigen, ohne zu wissen, wo Sie nach Trades suchen und wo Sie aussteigen sollten. Ein echter Trader muss wissen, wohin sich der Markt bewegt, bevor er einen Handel tätigt. Darüber hinaus sollte er in der Lage sein, zu erkennen, wann das Signal, das er aufgenommen hat, falsch ist, sodass er den/die Handel(e) ohne weitere Verluste aufgeben kann.

o Einstieg

Unterstützung und Widerstand helfen uns zu wissen, wo wir Handelsmöglichkeiten erwarten können. Wir haben dies bereits besprochen. Die erste goldene Regel für den Einstieg in einen Handel besteht darin, zu wissen, ob der Markt steigt, fällt oder sich bewegt. Die zweite Regel ist die Identifizierung von Unterstützungs- und Widerstandszonen, um zu wissen, ob Sie kaufen oder verkaufen sollten. In einem Aufwärtstrend sollten Sie nur dann kaufen, wenn Sie eine Unterstützungszone vorfinden. In einem Abwärtstrend sollten Sie mit dem Verkauf nur warten, wenn Sie eine Unterstützungszone erreicht haben.

o Ausstieg

Bevor Sie einen Handel durchführen, müssen Sie wissen, wohin sich der Markt entwickeln wird. Auf diese Weise wissen Sie, wo Sie Ihre Gewinne mitnehmen und abhauen können. Unterstützung und Widerstand werden Ihnen dabei helfen. Wenn Sie eine Kaufposition entdeckt haben, sollten Sie damit rechnen, dass Sie aussteigen, wenn der Markt die nächste Widerstandsmarke erreicht hat. Sie wollen nicht zu lange in einem Geschäft bleiben, sodass der Markt Ihnen Gewinne beschert, dann aber auf einen Widerstandsbereich trifft und zurückfällt, um sie wieder mitzunehmen.

Markieren Sie daher die möglichen Umkehrpunkte des Marktes mithilfe von Unterstützungs- und Widerstandszonen. Sie können Ihre Take-Profits auf diesen Levels platzieren oder manuell abwarten, bis die Kurse dorthin gelangen, dann können Sie den Handel manuell beenden.

o **Stop Levels**

Manchmal werden Sie den Markt analysieren und ein potenzielles Handelssignal erkennen. Sobald Sie bereits in den Handel eingestiegen und der Markt nicht nach Ihren Erwartungen verlaufen wird, werden Sie leider einige Verluste erleiden. Das ist beim Handel normal, und Sie sollten es akzeptieren. Wichtig ist nur, dass Sie mehr Gewinne als Verluste machen. Wir werden dieses Thema später in diesem Leitfaden unter Risikomanagement ausführlicher behandeln.

Was tun wir also, wenn sich ein Geschäft gegen uns wendet und wir anfangen, Verluste zu machen? Sollten wir es laufen lassen und hoffen, dass es uns später zugute kommt, oder beenden wir den Handel sofort?

Die Antwort lautet: nichts von alledem.

Zum einen können wir uns der Richtung der Märkte nie ganz sicher sein, da sie von Hunderten von Faktoren beeinflusst werden, die wir nicht kontrollieren können. Daher müssen wir vor der Ausführung eines Handels wissen, wo wir unseren Stop-Loss platzieren müssen. Wenn Sie sich daran erinnern, was ein Stop-Loss ist, handelt es sich dabei um eine Art von Auftrag, der einen verlustbringenden Handel automatisch schließt, wenn ein Handel gegen einen läuft.

Trader nutzen frühere Unterstützungs-und Widerstandslevels, um ihren Stop-Loss zu platzieren. Nehmen wir also an, Sie haben ein potenzielles Verkaufsgeschäft ausgemacht, das sich zwischen einer Widerstandszone und einem bärischen Engulfing-Candlestick-Muster gebildet hat. Sie platzieren Ihren Stop-Loss ein wenig oberhalb der Widerstandszone, die Sie für den Handel nutzen.

Hier ist ein Bild zur besseren Erklärung:

Einstieg, Ausstieg und Stop-Loss bei Unterstützung und Widerstand

In der obigen Abbildung ist ganz links zu erkennen, dass sich der Markt in einem Abwärtstrend befand, da er niedrigere Hochs und niedrigere Tiefs bildete. Bei Punkt 1 haben wir einen Widerstand eingezeichnet, als der Kurs die Zone erreichte, und eine Ablehnungskerze wurde gebildet. Der Markt ging nach unten und berührte später wieder die Zone. Gehen wir davon aus, dass wir den Markt die ganze Zeit über beobachtet haben.

Bei Punkt 2 bildete der Markt ein rückläufiges Engulfing-Muster, nachdem er die Widerstandsmarke berührt hatte. Wir hatten hier also einen guten Zusammenflusspunkt. Wir beschlossen also, den Handel zu eröffnen, nachdem sich das Engulfing-Muster gebildet und die Kerze geschlossen hatte (Punkt 3).

Als wir den Handel eröffneten, waren wir uns sicher, dass wir uns in einem Abwärtstrend befanden, sodass der Preis wahrscheinlich sinken würde. Daher haben wir unseren Stop-Loss (5) in der Nähe der nächsten wichtigen Unterstützungszone platziert, da wir davon ausgingen, dass der Kurs dort pausieren oder umkehren würde.

In ähnlicher Weise haben wir einen schützenden Stop-Loss über dem Verkaufsauftrag und der Widerstandszone platziert, die uns den Handel ermöglichte (Punkt 4). Dies dient dazu, den Handel zu schließen, falls der Markt diese Zone durchbricht und einen Aufwärtstrend bildet. Bitte beachten Sie, dass der Stop-Loss über der Widerstandszone platziert ist, um zu verhindern, dass er ausgeführt wird, falls die Käufer versuchen, die Preise nach oben zu treiben und abgewiesen werden.

Hinweis: Der Stop-Loss sollte weder zu nahe an der Zone noch zu weit von ihr entfernt platziert werden. Wird er zu nahe platziert, könnte er zu früh aktiviert werden und zu unnötigen Verlusten führen. Er sollte mit etwas Abstand gesetzt werden, um dem Markt eine gewisse Verschnaufpause zu ermöglichen. Wird er zu weit von der Zone entfernt platziert, kann dies zu übermäßigen Verlusten führen.

Hätten wir diesen Handel getätigt, hätten Sie sehen können, dass der Kurs unmittelbar nach dem "Bearish-Engulfing"-Muster und in die Unterstützungszone weiter unten gefallen ist. Er hätte unseren Take-Profit-Auftrag erreicht, und das hätte ihn zu einem gewinnbringenden (profitablen) Handel gemacht, da er das Ziel und nicht den Stop-Loss getroffen hätte. Wir haben gewonnen!

Zusammenfassung

Ich hoffe, Sie haben eine weitere interessante Lektion über die Chartanalyse und die Suche nach den besten Handelsmöglichkeiten genossen. Sie haben nun zwei tödliche Waffen in Ihrem Handelsarsenal: Kerzenformationen sowie Unterstützung und Widerstand. Ich kann gar nicht genug betonen, wie wichtig diese beiden Konzepte bei jeder Form des Handels sind. Sie haben bereits genug Werkzeuge, um mit dem Daytrading zu beginnen! Dennoch werden wir uns im nächsten Kapitel mit weiteren Instrumenten befassen, die Ihnen helfen können, Charts besser zu analysieren und profitable Handelsmöglichkeiten zu erkennen.

In der Zwischenzeit sollten Sie Ihre bisher erworbenen Fähigkeiten einsetzen. Zeichnen Sie diese Zonen ein und warten Sie darauf, dass die Candlestick-Muster die Trades für Sie bestätigen. Wenn Sie ein qualifiziertes Signal erkennen, sollten Sie nicht zögern, es zu nutzen. Noch wichtiger ist, dass Sie wissen, wo Sie Ihre Take-Profit- und Stop-Loss-Order platzieren müssen.

>> KAPITEL 10 <<
CHART-INDIKATOREN

In den letzten beiden Kapiteln haben wir uns mit zwei wichtigen Konzepten befasst, die bei der Marktanalyse und der Verwendung von Preisaktionen zum Eingehen von Geschäften sowie zur Steuerung von Geschäften verwendet werden können. Bevor wir uns mit weiteren Daytrading-Strategien befassen, müssen wir uns mit einer speziellen Gruppe von Chartanalyse-Tools beschäftigen, die als Indikatoren bekannt sind.

Bei den Indikatoren handelt es sich um automatisierte Instrumente, die in den Charts eingesetzt werden, um Informationen zu enthüllen, die mit bloßem Auge schwer zu erkennen sind. Die Indikatoren erscheinen in verschiedenen Formen und Größen über den Charts in den Handelsplattformen. Wir brauchen Indikatoren, weil Charts viel mehr Informationen zeigen als nur Unterstützungs- und Widerstandszonen oder Trendumkehr und-fortsetzung. Durch den Einsatz automatisierter Tools können wir unsere Analyse verbessern.

Indikatoren sind zwar dazu gedacht, die Genauigkeit und den Zusammenhalt beim Handel zu verbessern, sollten aber nie als alleiniges Analyseinstrument verwendet werden. Einer der schlimmsten Fehler, den Anfänger machen, besteht darin, so viele Indikatoren wie möglich in ihren Charts zu verwenden und sie für ihre Handelsentscheidungen heranzuziehen. Machen Sie diesen Fehler nicht. Sie sollten Ihr gesamtes Handeln auf die reine Preisaktion stützen, d. h. auf das Studium von Marktformationen unter Verwendung von Unterstützung und Widerstand, Trends und Kerzenmustern. Wenn es um

Indikatoren, sollten Sie diese nur verwenden, um mehr Zusammenhänge herzustellen oder verborgene Informationen aufzudecken, die Sie interpretieren können, um bessere Handelsentscheidungen zu treffen.

Arten von Indikatoren

Wenn Sie sich jemals auf die Suche nach Indikatoren begeben würden, hätten Sie nie genug Zeit und Platz, um sie zu speichern, denn es gibt Millionen von ihnen. Ihre Handelsplattform wird mit einigen vorinstallierten Indikatoren geliefert. Es handelt sich dabei um sehr einfache Indikatoren, die aber die wichtigsten Informationen anzeigen, sodass Sie nicht unbedingt nach weiteren Indikatoren suchen müssen. Die Basisindikatoren dienen nämlich als Bezugspunkte für die Erstellung der anderen Indikatoren, die Sie im Handel oder im Internet frei kaufen können.

Unabhängig davon, wie viele Indikatoren es gibt, können sie alle in vier Kategorien eingeteilt werden, nämlich Trend-, Volumen-, Momentum- und Volatilitätsindikatoren. Die Indikatoren in den vier Gruppen können weiter in zwei Gruppen eingeteilt werden, entweder in nachlaufende oder in vorlaufende Indikatoren.

Ein nachlaufender Indikator ist ein Indikator, der Informationen anzeigt, die bereits vergangen sind. So kann ein nachlaufender Indikator beispielsweise anzeigen, dass eine Umkehrung bereits stattgefunden hat. Ein Frühindikator hingegen versucht, das zukünftige Kursverhalten des Marktes vorherzusagen. Ein Frühindikator kann uns zum Beispiel sagen, dass ein Trend kurz vor dem Ende steht.

Die vier wichtigsten Arten von Indikatoren sind:

- **Trend**

Trendindikatoren versuchen, die Richtung des Marktes (Trend) aufzuzeigen, oder ob es überhaupt keine Bewegung gibt. Bei richtiger Anwendung können Trendindikatoren einem Trader helfen, zu wissen, in welche Richtung er handeln oder sich aus dem Markt heraushalten sollte.

Einige Beispiele für Trendindikatoren sind der Moving Average, Ichimoku Kinko Hyo, parabolischer SAR und MACD.

Trendindikatoren sind nachlaufende Indikatoren.

- **Volumen**

Volumenindikatoren fassen die Informationen auf dem Markt zusammen und offenbaren die Macht der Bullen gegenüber den Bären auf dem Markt. Kurz gesagt, sie sagen uns, wie viele Einheiten des Handelsinstruments zu einem bestimmten Zeitpunkt verkauft oder gekauft werden. Sie können bessere Geschäfte machen, wenn Sie handeln, wenn das Volumen der Bullen oder Bären steigt (je nachdem, ob Sie kaufen oder verkaufen).

Einige Beispiele für Volumenindikatoren sind Chaikin Money Flow, On-Balance-Volumen und Klinger Volume Oscillator.

Volumenindikatoren können je nach verwendetem Indikator nachlaufend oder vorlaufend sein.

- **Momentum**

Momentum-Indikatoren zeigen an, wie stark ein Trend ist und ob eine Trendwende zu erwarten ist. Sie sind sehr nützlich, um Höchst- und Tiefststände zu erkennen. So können sie nützlich sein, um zu wissen, wann oder wo man in einen Handel ein- oder aussteigen sollte.

Einige Beispiele für Momentum-Indikatoren sind der Average Directional Index (ADX), der Relative Strength Index (RSI) und der Stochastic.

Diese Indikatoren sind richtungsweisend.

- **Volatilität**

Volatilitätsindikatoren zeigen uns die Geschwindigkeit der Preisänderungen auf dem Markt zu einem bestimmten Zeitpunkt an. Die Volatilität ist wichtig, denn die Märkte müssen sich bewegen, damit wir Trends mitmachen und Gewinne erzielen können. Eine höhere Volatilität bedeutet, dass sich die Preise schnell bewegen, der Markt also einen guten Trend aufweist.

Einige Beispiele für Volatilitätsindikatoren sind Bollinger Bands und Average True Range.

Volatilitätsindikatoren sind nachlaufende Indikatoren.

Beliebte Chart-Indikatoren

Im Folgenden werden wir uns ein Beispiel für einen Indikator aus jeder der vier Kategorien ansehen und wie sie im Daytrading eingesetzt werden können.

Zunächst müssen Sie den Chart des Handelsinstruments, das Sie analysieren möchten, öffnen und dann die folgenden Schritte ausführen:

> Klicken Sie in Ihrem MT5 auf das Menü "Ansicht" am oberen Rand des Programms.
> Klicken Sie anschließend auf "Navigator". Auf der linken Seite öffnet sich ein Fenster. Es enthält Ordner, in denen sich die Indikatoren befinden.
> Hier müssen Sie den Typ des Indikators auswählen, den Sie anwenden möchten. Wenn es sich um einen Trendindikator handelt, klicken Sie auf das (+) -Zeichen neben dem "Tendenzordner" im Panel. Daraufhin wird eine Liste mit Trendindikatoren geöffnet.
> Um einen der Trendindikatoren zu Ihrem aktiven Chart hinzuzufügen, klicken und ziehen Sie ihn in den Chart und drücken Sie dann auf "OK". Der Indikator wird in Ihrem Chart angezeigt.
> Um einen Indikator aus dem Chart zu entfernen, klicken Sie mit der rechten Maustaste in das geöffnete Fenster, klicken Sie auf die "Indikatorliste", dann auf den Indikator, den Sie entfernen möchten, und drücken Sie "Löschen".

Dasselbe tun Sie, wenn Sie die anderen Indikatoren hinzufügen oder entfernen. Schauen Sie einfach in die entsprechenden Ordner und ziehen Sie dann die Indikatoren in den Chart, den Sie analysieren möchten.

Moving Average (Trend)

Hängen Sie den Moving Average an Ihren Chart an. Er wird als Linie angezeigt.

Der Moving Average, im Volksmund auch MA genannt, ist der am häufigsten verwendete Indikator im Handel. Er ist insofern sehr nützlich, als er die Preisentwicklung aufzeigt, indem er das Rauschen des Marktes durch Glättung herausfiltert. Wie Sie in Ihrem Chart sehen können, geht der MA manchmal nach oben, unten oder bleibt in einer geraden Linie.

MAs verwenden einen Parameter, der als "Periode" bekannt ist, um die Preisaktion anzuzeigen. Die Periode bezieht sich auf die Anzahl der Tage, die der Indikator in die Vergangenheit schaut und dann die Schlusskurse glättet, um eine Linie zu erhalten, die uns die Marktrichtung zeigt. Sie können die zu verwendende Periode bearbeiten, indem Sie zu Indikatorliste > Moving Average gehen und dann unter "Parameter" die Anzahl der Tage, die Sie benötigen, unter "Periode" bearbeiten. Wenn Sie auf "OK" klicken, wird der Moving Average angezeigt.

Wenn die Periode zu niedrig ist, reagiert der MA sehr empfindlich auf den Preis und zeigt eine Linie an, die fast jeder Bewegung des Marktes folgt. Wenn die Periode erhöht wird, glättet sich der angezeigte MA und zeigt die durchschnittliche Richtung des Marktes an. Die gebräuchlichsten Perioden, die in MAs verwendet werden, sind 21, 50, 120 und 200.

Fügen wir einen 21- und einen 50-Perioden-MA in unsere Charts ein und sehen, wie sie aussehen.

Moving Average der 21- und 50-Periode

Interpretation der MAs

Aus der obigen Abbildung können Sie ersehen, dass der 21-Perioden-MA stärker auf den Preis reagiert als der 50-Perioden-MA. Um den Trend abzulesen, betrachten wir die Position des Marktes in Bezug auf die Position des MA. Wenn der Kurs über dem MA liegt, haben wir einen Aufwärtstrend. Liegt der Kurs unter dem MA, handelt es sich um einen Abwärtstrend. Sie können jede beliebige Periode Ihrer Wahl zusammen mit den zuvor erlernten Instrumenten verwenden.

Ist Ihnen klar, was passiert, wenn sich die beiden MAs kreuzen? Schauen Sie noch einmal! Auf der linken Seite des obigen Bildes können Sie sehen, dass der Kurs gestiegen ist, als der 21er MA den 50er MA überquerte. Als der 21er unter dem 50er auf der rechten Seite kreuzte, gab es eine sanfte Abwärtsbewegung. Sie verwenden also einzelne MAs oder MA-Kreuzungen, um Candlestick-Muster oder Unterstützungs- und Widerstandssignale zu bestätigen.

Bollinger Bands (Volatilität)

Entfernen Sie die MAs aus Ihrem Chart und fügen Sie die Bollinger Bands (BB) ein. Sie finden es im Navigator-Fenster unter dem Ordner "Beispiele".

Der BB ist ein weiterer beliebter Indikator, der von Tradern verwendet wird. Er besteht aus einem gleitenden Durchschnitt, der zwischen zwei Linien auf beiden Seiten liegt. Die beiden äußeren Linien werden als die Bänder bezeichnet. Bollinger Bänder werden verwendet, um die Volatilität des Marktes sowie den Trend und künftige Bereiche der Unterstützung und des Widerstands aufzuzeigen. Wie Sie sehen können, handelt es sich um ein Allround-System. Sie sollten es jedoch nie als alleinige Richtschnur für Ihren Handel verwenden; denken Sie daran, dass die Preisaktion nach wie vor der beste Anhaltspunkt ist.

Hier ist eine BB, die mit einer Tabelle verbunden ist:

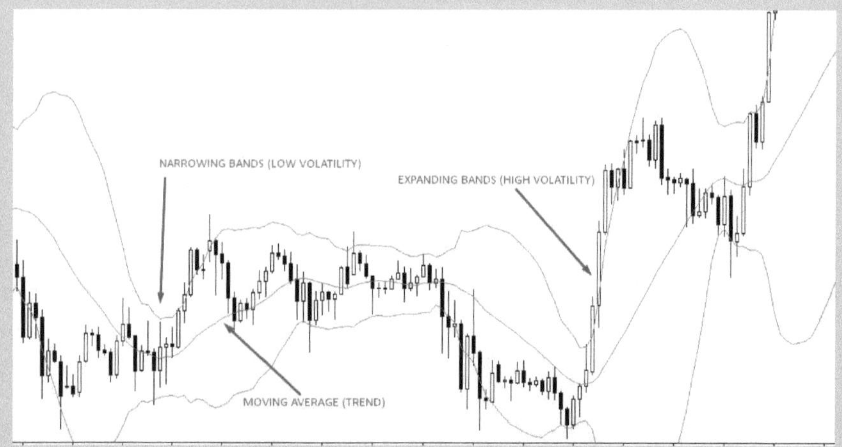

Der Bollinger Bands Indikator

Bollinger-Bänder interpretieren

Die beiden äußeren Bänder zeigen die Volatilität auf dem Markt an. Wenn sie nahe beieinander liegen, bedeutet dies, dass die Volatilität (Preisbewegung) minimal ist. Sie können sehen, dass sogar die Kerzen, die in solchen Bereichen gebildet werden, klein sind. Wenn sich die Bänder hingegen ausdehnen und voneinander weg bewegen, bedeutet dies, dass der Markt sehr volatil ist.

Dieser Indikator hat viele interessante Einsatzmöglichkeiten. Er kann auch beim Handel mit schwankenden Märkten verwendet werden. Wenn Sie mithilfe unserer vorherigen Tools bereits einen steigenden Markt ausgemacht haben, können Sie die Bänder in Ihren Chart einfügen. Sie können den sogenannten "Bollinger Bounce" betrachten, um einen stagnierenden Markt zu handeln. Während dieser Perioden tendiert der Kurs dazu, eines der äußeren Bänder zu berühren und dann zum MA in der Mitte zurückzukehren. Mit diesem Indikator können Sie also Ihre Trades bestätigen.

Eine andere Möglichkeit, mit den BBs zu handeln, besteht darin, auf Ausbrüche zu warten, wenn der Markt im Trend ist. Wenn der Kurs aus den oberen Bändern ausbricht, besteht die Chance, dass sich ein Aufwärtstrend fortsetzt. Bricht der Kurs aus dem unteren Band aus, ist mit einem Abwärtstrend zu rechnen. Ein "Durchbruch" bedeutet, dass der Kerzenkörper außerhalb eines der Bänder geschlossen hat. Berücksichtigen Sie nicht die Dochte. Ich werde nicht müde, Sie daran zu erinnern, dass Sie Indikatoren nur zur Bestätigung potenzieller Handelsmöglichkeiten verwenden sollten, die Sie anhand von Kerzenformationen und Unterstützungs- und Widerstandszonen erkannt haben.

Hinweis: Sie können die Parameter des BB an Ihren Handelsstil anpassen. Gehen Sie zu "Indikatorliste" > "BB" > "Eingaben" und spielen Sie mit den Zahlen herum.

Relative Stärke Index (Momentum)

Unser dritter Chart-Indikator ist der Relative Strength Index (RSI). Er wird in einem anderen Fenster unterhalb des Charts des gehandelten Instruments angezeigt. Der RSI ist einfach eine Linie, die zwischen zwei Werten (0 und 100) oszilliert. Zwischen 0 und 100 gibt es noch zwei weitere Stufen, die mit 70 und 30 gekennzeichnet sind. Diesen sollten wir mehr Aufmerksamkeit widmen.

Lassen Sie uns sehen, wie der RSI in den Charts aussieht.

Der RSI-Indikator

Interpretation des RSI

Der RSI versucht uns zu zeigen, wann der Markt überkauft oder überverkauft ist, sodass wir mit Umkehrungen rechnen können. Wenn die blaue Linie die obere (70) Marke berührt, gilt der Markt als überkauft. Kurz gesagt, die Bullen haben ihre gesamte Kaufkraft aufgebraucht, sodass sie den Markt nicht weiter nach oben treiben können. Wenn die Linie die untere Marke (30) berührt, gilt der Markt als überverkauft und könnte bald umkehren. Hier haben die Bären einen Großteil ihrer Verkaufskraft aufgebraucht, sodass der Markt nicht weiter sinken könnte.

Aufgrund dieser Vorhersagekraft wird der RSI bei der Ermittlung von Höchst- und Tiefstständen verwendet. Aus dem obigen Bild können Sie ersehen, dass der Kurs, wenn er die überkaufte Linie berührt hat, später fallen wird. Wenn er die überverkaufte Linie berührte, würde der Kurs in der Zukunft steigen.

On-Balance Volumen (Volumen)

Unser letzter Chart-Indikator ist als On-Balance Volume (OBV) bekannt. Wie der Name schon sagt, handelt es sich um einen Volumenindikator, der Aufschluss darüber gibt, ob die Bullen oder die Bären den Markt beherrschen. Das Ablesen des OBV ist sehr einfach, da Sie nur auf die scharfen Höchst- und Tiefststände achten müssen, die er bildet. Als Nächstes sollten Sie eine Linie ziehen, die nur die sehr dominanten Höchst- und Tiefststände verbindet. Sehen Sie sich das folgende Bild an.

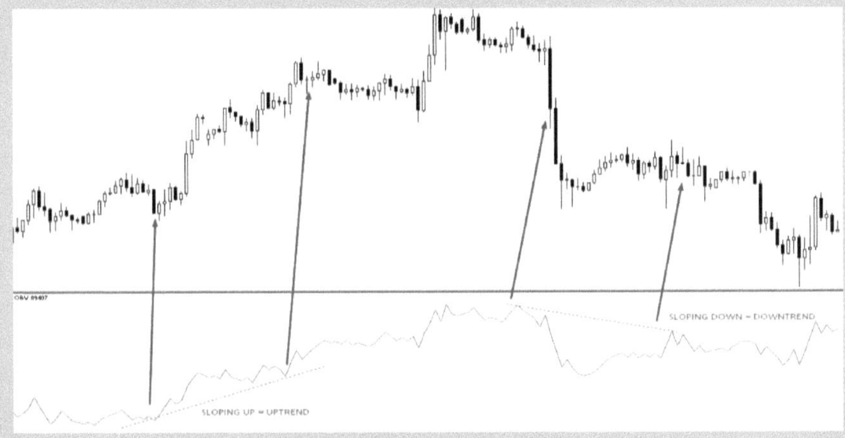

Der OBV-Indikator

Interpretation des OBV

Achten Sie bei der Beobachtung der Höchst- und Tiefststände darauf, wo sie höhere Hochs und niedrigere Tiefs oder niedrigere Hochs und niedrigere Tiefs bilden. Verwenden Sie dann das Werkzeug "Trendlinie zeichnen", das Sie oben links in Ihrem MT5 finden, um diese wichtigen Punkte zu verbinden.

Wenn die sich daraus ergebende Trendlinie schräg nach oben verläuft, ist das Volumen eher bullisch. In diesem Fall sollten Sie nur nach Kaufgeschäften Ausschau halten. Wenn die Trendlinie abwärts verläuft, ist das Volumen eher rückläufig, sodass Sie nur nach Verkaufstransaktionen Ausschau halten sollten.

Zusammenfassung

Ihr Handelsarsenal wird immer größer!

Indikatoren sind sehr nützliche Instrumente, wenn sie richtig eingesetzt werden. Leider gaukeln einige Ausbilder und Vermarkter potenziellen Tradern vor, dass es magische Indikatoren gibt, die als eigenständige Instrumente verwendet werden können, um genaue Trades zu erkennen. Ich wäre fast in diese Falle getappt, als ich damals anfing. Ob Sie es glauben oder nicht, ich habe über zwei Jahre lang nach dem besten Indikator gesucht, der mich zu einem profitablen Trader macht, aber ich bin nie auf einen einzigen gestoßen!

Schließlich musste ich mich mit der Tatsache abfinden, dass mir immer gesagt worden war, dass die Kursentwicklung der beste Indikator für den Handel ist.

Die vier Indikatoren, die wir hier besprochen haben, stammen aus jeder der vier Kategorien. Wenn Sie also alle Indikatoren in Ihren Chart einbeziehen würden, würde jeder von ihnen Ihnen unterschiedliche Informationen liefern. Wenn Sie die Informationen, die sie Ihnen zeigen, zu den Unterstützungs- und Widerstandszonen sowie zu den Candlestick-Strategien hinzufügen, werden die von Ihnen entdeckten Trades höchstwahrscheinlich profitabel sein.

Schließlich sollten Sie wissen, dass es noch weitere Volumen-Momentum-, Trend- und Volatilitätsindikatoren gibt, die Sie verwenden können. Die vier Indikatoren, die wir in diesem Kapitel verwendet haben, sollen Ihnen zeigen, wie verschiedene Indikatoren unterschiedliche Marktinformationen anzeigen können. Ich habe diese vier Indikatoren auch deshalb ausgewählt, weil sie einfach und dennoch sehr effizient sind, wenn Sie sie richtig einsetzen. Kurz gesagt, Sie können weitere Indikatoren recherchieren und deren Verwendung in Ihren Charts üben. Die einzige Warnung, die ich aussprechen möchte, ist, dass die Indikatoren niemals Ihre Kenntnisse über Preisaktionen ersetzen sollten!

In den folgenden Kapiteln werden wir einige der besten Daytrading-Strategien besprechen, mit denen Sie Ihren Lebensunterhalt verdienen können. Sie kombinieren Preisaktionen, einige Indikatoren und natürlich neue interessante Handelsfertigkeiten.

ELLIOT-WELLEN

In den frühen 1920er Jahren, als der Aktienhandel noch ein junger Beruf war, machte ein erfahrener Aktienhändler namens Ralph Elliot eine wunderbare Entdeckung, die die gesamte Handelsbranche veränderte. Nachdem er den Markt über 70 Jahre lang analysiert hatte, entdeckte er, dass sich die Märkte nicht zufällig bewegen, sondern einigen sich wiederholenden Zyklen folgen. Er nannte diese Zyklen "Wellen". Elliot zufolge beruhten die Auf- und Abwärtsbewegungen der Märkte auf der kollektiven Psychologie der Trader, und wenn man dies verstünde, wäre es einfach, die Märkte vorherzusagen.

Fraktale

Um die Wellentheorie zu erklären, verwendete Elliot Fraktale, um den Markt zu erklären. Fraktale sind Objekte oder Elemente, die in Teile geteilt werden können, wobei die kleineren resultierenden Teile dem ursprünglichen Objekt ähnlich sind. Wenn man zum Beispiel eine Schneeflocke teilt, entstehen kleinere Schneeflocken, die der größeren ähneln. Ähnlich verhält es sich, wenn eine große Wolke zerbricht: Die kleineren Wolken, die dabei entstehen, haben die gleiche Form und Farbe wie die Mutterwolke.

Nach Elliot folgen auch die Märkte dem gleichen Prinzip. Wann immer es einen Aufwärtstrend gibt, wird es kleinere Aufwärtstrends innerhalb des Haupttrends geben. Dasselbe gilt während eines Abwärtstrends. Daher können wir durch die

Identifizierung von Fraktalen die Richtung des Marktes vorhersagen und entsprechend dem Haupttrend handeln.

Das 5-3-Wellenmuster

Dieses von Elliot entwickelte Konzept wurde als "Elliot-Wellen-Theorie" bekannt. Es zeigt, dass ein Markt, wenn er sich in einem Trend befindet, einem so genannten 5-3-Wellenmuster folgt. In diesem Muster gibt es zwei Wellen.

Der erste Teil des Musters besteht aus 5 Wellen, die als Impulswellen bezeichnet werden. Sie bewegen sich entlang des Haupttrends.

Der zweite Teil des Musters besteht aus 3 Wellen, die als Korrekturwellen bezeichnet werden. Diese Wellen bewegen sich gegen den Haupttrend.

Zum besseren Verständnis dieses Konzepts finden Sie nachstehend eine Abbildung:

Elliot-Wellen, die einen Auf- und Abwärtstrend anzeigen

In der obigen Abbildung zeigt die Welle auf der linken Seite einen Aufwärtstrend. Wie Sie sehen können, gibt es 3 kleinere Wellen, die die größere Aufwärtsbewegung ausmachen. Die Wellen 1, 3 und 5 bewegen sich nach oben (Impuls), während die Wellen 2 und 4 sich dem Haupttrend entgegenstellen (korrigierend). Im Allgemeinen wirken die 5 Wellen zusammen, um einen Aufwärtstrend zu erzeugen.

Das Bild rechts zeigt einen Abwärtstrend. Genau wie im linken Bild gibt es 3 Impulswellen, die dem Hauptabwärtstrend folgen, und 2 Korrekturwellen, die dem Haupttrend entgegenwirken. Zusammengenommen bilden sie einen Abwärtstrend.

Bevor wir uns den Charts zuwenden, um zu versuchen, die Elliot-Wellen zu identifizieren, sind hier die fünf Grundregeln, die bei der Identifizierung und Validierung der 5 Wellen verwendet werden:

o   *Welle 1*: Die erste Impulswelle ist der Beginn eines neuen Trends. Sie tritt auf, wenn die Trader auf dem Markt das Gefühl haben, dass das Instrument zum Kauf oder Verkauf bereit ist.

o   *Welle 2*: Nach einer kleinen Aufwärts-oder Abwärtsbewegung könnten die Trader, die mit Welle 1 begonnen haben, denken, dass das Instrument überbewertet ist, sodass viele Gewinne mitnehmen werden. Wenn dies geschieht, steigt oder fällt der Markt ein wenig und bildet eine kurze Korrekturwelle. Der neue Höchst- oder Tiefststand, der sich bildet, kann jedoch niemals dem Ausgangspunkt von Welle 1 entsprechen.

o   *Welle 3*: Wenn der neue Höchst- oder Tiefststand in Welle 2 gebildet wird und nicht über den Ausgangspunkt von Welle 1 hinausgeht, erkennen aufmerksame Trader, dass das Instrument einen neuen Trend etabliert hat, sodass sie eine große Anzahl von Geschäften platzieren werden. Dies führt zur Bildung einer sehr langen Welle 3. Damit diese Welle gültig ist, muss sie sich über das Hoch oder den Tiefpunkt hinaus bewegen, der am Ende der Welle 1 gebildet wurde. Welle 3 ist in der Regel die stärkste und längste impulsive Welle.

o   *Welle 4*: Nachdem die Welle 3 eine Zeit lang aktiv war, wird sie überverkauft oder überkauft (Sie können einen Indikator verwenden, um dies zu erkennen). Die Reaktion der meisten Trader besteht darin, die Gewinne der Welle 3 mitzunehmen, bevor der Markt eine Umkehr einleitet. Wenn sie ihre Geschäfte schließen, kehrt sich der Markt für eine sehr kurze Strecke um. Trendtrader wissen jedoch, dass sich der Trend fortsetzen wird, und schließen daher ihre Geschäfte nicht. Dies führt dazu, dass sich eine sehr kurze Korrekturwelle 4 bildet, bevor der Trend weitergeht. Welle 4 ist in der Regel kürzer als Welle 2, sollte aber höher als der Endpunkt von Welle 2 sein.

o   *Welle 5*: Sobald die Welle 4 abgeschlossen ist, beginnt sich die letzte Bewegung des Trends zu bilden. Dies ist die Welle, in der die meisten Trader, die wissen, wie man den Markt studiert, ihre Trades platzieren. Welle 5 wird in der Regel von unkontrollierbarer Aufregung, der sogenannten Hysterie, angetrieben. Zuweilen ist die Impulswelle 5 so stark, dass sie länger als die Welle 3 sein kann. Da es sich um die letzte Bewegung im Trend handelt, verläuft sie in der Regel sehr schnell. Dies ist die Zeit, in der die meisten Trader Geld verdienen oder verlieren.

o   *Die ABC-Welle*: Am Ende von Welle 5 fragen Sie sich vielleicht, was mit dem Markt passiert. Wenn Welle 5 richtig erkannt wurde, beginnt der Gesamttrend sich umzukehren. Kurz gesagt, der 5-Wellen-Trend wird durch eine 3-Wellen-Gegen-Trend-Formation korrigiert.

o   Die ABC-Welle, die auf Welle 5 folgt, wird ebenfalls für die Suche nach Bewegungen verwendet. In unserem Fall werden wir jedoch bei Welle 5 aufhören, da die Bewegungen, die von der ersten bis zur letzten Welle auftreten, für das Daytrading ausreichend sind. Außerdem kann die ABC-Welle ein wenig verwirrend sein. Gehen wir nun zu den Charts über und versuchen wir, einige Elliot-Wellen zu identifizieren.

Nachfolgend sehen Sie eine ausgezeichnete Elliot-Welle in einem Aufwärtstrend.

Nachfolgend sehen Sie eine ausgezeichnete Elliot-Welle während eines Abwärtstrends.

Auf dieser Stufe sind Sie bereits ein fortgeschrittener Trader. Daher sollten die obigen Charts mit Elliot-Wellen selbsterklärend sein. Entsprechen Ihrer Meinung nach die beiden Wellen in beiden Charts den 5 Regeln der Elliot-Wellen-Theorie? Zweitens: Sind Sie in der Lage, die Bereiche zu erkennen, in denen Sie Ihre Unterstützungs- und Widerstandszonen eingezeichnet hätten? Gibt es in den Wendepunkten der Wellen irgendwelche Candlestick-Muster?

Handel mit Elliot-Wellen

Daytrading ist interessant, wie Sie aus den Lektionen, die Sie bisher erhalten haben, ersehen können, oder? Dieser Leitfaden hat die besten Konzepte des Handels vereinfacht, sodass Sie sie verstehen und anwenden können, ohne sich zu quälen. Das Beste an der Ausbildung, die Sie erhalten, ist, dass es Preis-Aktion und sehr grundlegende Werkzeuge verwendet, um Sie in einen professionellen Daytrader zu machen.

Nachdem Sie nun verstanden haben, wie die Elliot-Wellen-Theorie funktioniert, ist es an der Zeit zu sehen, wie sie beim Handel mit den Konzepten, die Sie bisher erworben haben, eingesetzt werden kann.

In den folgenden Abschnitten werden wir die beiden obigen Charts mit Elliot-Wellen verwenden, um zu sehen, ob alle Konzepte zusammenpassen und uns gewinnbringende Trades bescheren.

Elliot-Wellen, Candlesticks und Unterstützung & Widerstand

Zur Erinnerung: Wenn Sie einen neuen Chart öffnen, sollten Sie als erstes die wichtigsten Unterstützungs- und Widerstandsbereiche identifizieren und markieren. Dies ist der erste Schritt, um die Trendrichtung zu erkennen und nach potenziellen Handelssignalen zu suchen. Lesen Sie das Kapitel über Unterstützung und Widerstand, bis Sie diese kritischen Zonen leicht erkennen können.

Nun unser bullischer Chart mit Candlestick-Mustern sowie Unterstützung und Widerstand:

Diskussion

Punkt 1 ist unser Ausgangsbereich. Wie Sie auf der linken Seite sehen können, hatten wir einen Abwärtstrend, der sich dem starken Unterstützungsbereich unter dem Markt näherte.

Gehen wir davon aus, dass wir den Kurs beobachtet haben, als er sich unserer Unterstützung näherte.

Nach dem Erreichen der Unterstützung wurden die Kerzen kleiner, und es bildeten sich lange Dochte. Dies sind Anzeichen dafür, dass der Kurs zurückgewiesen wurde (die Bullen haben die Bären vertrieben, sodass sie den Markt nicht weiter nach unten ziehen konnten). Dies ist das erste Ereignis, das unsere Aufmerksamkeit erregt hätte. Wir können sehen, dass der Kurs versuchte, höher zu steigen, ein höheres Hoch bildete, dann auf die Unterstützung zurückfiel, wo er auf weitere Ablehnung stieß, und ein höheres Tief bildete. Zu diesem Zeitpunkt hatten wir die Bestätigung, dass die Formationen der Wellen 1 und 2 im Gange waren.

Als der Kurs zum zweiten Mal von der Unterstützung abprallte, hätten wir auf den Abschluss der Welle 2 gewartet, um in den Handel in Richtung des neuen Trends (aufwärts) einsteigen zu können. Einige Kerzen später bildete sich ein perfektes Muster aus drei bullischen Soldaten, was bestätigte, dass die Welle 2 abgeschlossen war. Nachdem die letzte Kerze des Musters geschlossen wurde, wären wir bei der Eröffnung der nächsten Kerze in den Handel eingestiegen, was der Beginn der Welle 3 war.

Unser Stop-Loss würde unter dem Unterstützungslevel liegen, das uns den Einstieg ermöglichte, während der Take-Profit in oder nahe der nächsten Widerstandszone liegen würde. Wir würden erwarten, dass sich Welle 3 in der Nähe des nächsten Widerstandsbereichs bildet, was auch geschah! Wir nennen diesen Bereich "Take-Profit Level 1". Dies liegt daran, dass nach der Elliot-Wellen-Theorie ein Trend erst dann abgeschlossen ist, wenn er die Welle 5 bildet. Wir würden also abwarten, bis die Welle 4 ein wenig zurückgeht (Korrektur). Um den potenziellen Abstand zu ermitteln, den die Welle korrigieren würde, betrachten wir den Ausgangspunkt von Welle 2. Welle 3 sollte diesen Punkt nicht erreichen. Zweitens schauen wir auf die linke Seite des Charts und identifizieren eine kleine Unterstützungszone. Dort wird die Welle 4 wahrscheinlich enden und die Welle 5 beginnen.

In der obigen Abbildung können Sie sehen, dass die Welle 4 alle diese Regeln befolgt hat. Sie durchbrach weder das Hoch der Welle 1 noch den kleinen Bereich der Unterstützung darunter. Darüber hinaus bildete sie ein bullisches Engulfing-Muster, und die Welle 5 wurde bestätigt. Wir hätten hier auch einen weiteren Kauf eröffnen und unseren Take-Profit über dem Hoch der Welle 3 und nahe der nächsten Widerstandszone platzieren können. Dies wäre unser Take-Profit-Level 3. Unser Stop-Loss würde unterhalb der kleinen Unterstützungszone platziert werden, wo Welle 4 endete und Welle 5 begann.

Angenommen, wir hätten diese beiden Geschäfte gemacht, hätten wir in beiden Fällen gewonnen. Sehen Sie, wie der Kurs abhob und nie in die Nähe unserer Stop-Loss-Levels kam?

Lieber Trader, so lesen Sie den Markt wie ein offenes Buch.

Als Nächstes werden wir die rückläufige Elliot-Wellenbewegung anhand von Candlestick-Mustern sowie Unterstützung und Widerstand analysieren.

Diskussion

Haben Sie versucht, diesen Chart selbst zu interpretieren?

Wie üblich müssen wir einen bestehenden Trend identifizieren, der sich auf eine Unterstützungs- oder Widerstandszone zubewegt. Im obigen Chart hatten wir einen Aufwärtstrend, der sich nach dem Abprallen von einem Unterstützungslevel gebildet hatte. Gehen wir davon aus, dass wir den Kursanstieg beobachtet haben. Am oberen Rand des Charts befand sich eine starke Widerstandszone, die von der linken Seite aus betrachtet wurde.

Als der Kurs die Widerstandszone berührte, bildete er ein bärisches Engulfing-Muster. Er stieg wieder an und bildete einige kurze Kerzen, wobei die längeren Dochte an den Oberseiten erschienen, bevor sich ein weiteres Engulfing-Muster bildete. Können Sie es erkennen? Zu diesem Zeitpunkt ist noch keine Welle 1 in Sicht. Der Kurs ist ein wenig gesunken, und man hätte meinen können, dass er ohne uns abgegangen wäre. Er erreichte jedoch eine kleine Unterstützungszone und prallte an der Widerstandszone ab. Wir können dies an der Ablehnung der Kerzen und der Bildung eines bullischen Engulfing-Musters erkennen.

Zu diesem Zeitpunkt haben wir eine klare Impulswelle 1. Die aktuelle Welle wäre die Korrekturwelle 2. Wir würden beobachten, ob es höher als der Beginn der Welle 1 gehen würde, was es nicht tat! Stattdessen sah sich der Kurs einer massiven Ablehnung gegenüber und bildete später ein großes bärisches Engulfing-Muster. Dies ist der Punkt, an dem wir das Ende der Welle 2 und den Beginn der Welle 3 markieren würden. Unser Verkaufshandel würde beim Abschluss der letzten Kerze, die das bärische Engulfing-Muster bildet, eröffnet werden.

Wie immer liegt unser schützendes Stop-Loss über dem Widerstandslevel, das uns den Handel ermöglicht hat. Wir werden unser Take-Profit-Level 1 in oder in der Nähe des nächsten starken Unterstützungsbereichs platzieren. Wie Sie sehen können, ist der Kurs gefallen, ohne auf den Stop-Loss zurückzugehen, und er hätte unser Take-Profit-Level sehr leicht erreicht. Auf diesem Level hätten wir das Ende der Welle 3 und den Beginn der Korrekturbewegung der Welle 4 erwartet.

Sehen Sie, wie der Markt in die Unterstützungszone hineingegangen ist und es so aussah, als ob er sie durchbrochen hätte, ohne nach oben abzuprallen? Das ist normal, und es zeigt nur, dass die Bären sehr stark waren. Auch hier hatten wir eine längere Welle 3. Können Sie die kleinen Kerzen erkennen, die sich unterhalb des Unterstützungsbereichs gebildet haben? Sehen Sie das bullische Engulfing-Muster? Der Markt stieg wieder an und durchbrach unsere Unterstützung. Dies war eine eindeutige Welle 4 im Gange. Er stieg an, bis er auf eine kleine Widerstandszone traf, bildete einen riesigen Docht, auf den ein klares bärisches Engulfing-Muster folgte.

Dies würde das Ende der Welle 4 und den Beginn der Welle 5 markieren. Wir würden hier einen zweiten Handel eingehen (wenn wir wollen) und unseren Stop-Loss etwas oberhalb des kleinen Widerstandslevels platzieren, wo Welle 4 endete. Unser Take-Profit-Level 2 würde unter dem Punkt liegen, an dem die Welle 3 endete, d.h. in oder nahe der nächsten Unterstützungsebene.

Genau wie unser erster Handel hätte auch der zweite uns leichte, ansehnliche Gewinne beschert, die fast risikofrei gewesen wären.

Elliot-Wellen und Indikatoren

Die Macht der Elliot-Wellen ist unendlich. Ich glaube, dass Sie sie jetzt leicht identifizieren können, indem Sie ihre Anatomie mithilfe von Trends sowie von Unterstützung und Widerstand nutzen. Wir werden nun sehen, wie Indikatoren die Genauigkeit der Elliot-Wellen erhöhen können, indem wir dieselben Charts wie oben verwenden.

Ich werde drei der Indikatoren, die wir im vorangegangenen Kapitel betrachtet haben, im selben Chart platzieren, damit wir sehen können, was jeder einzelne von ihnen uns sagt. Sie können die Indikatoren Bollinger Bands, RSI und OBV zu Ihren Charts hinzufügen. Den Moving Average habe ich nicht erwähnt, weil der BB bereits einen Moving Average enthält.

Ein Chart mit den drei Indikatoren, Unterstützungs- und Widerstandszonen sowie unserer Elliot-Welle sollte wie folgt aussehen:

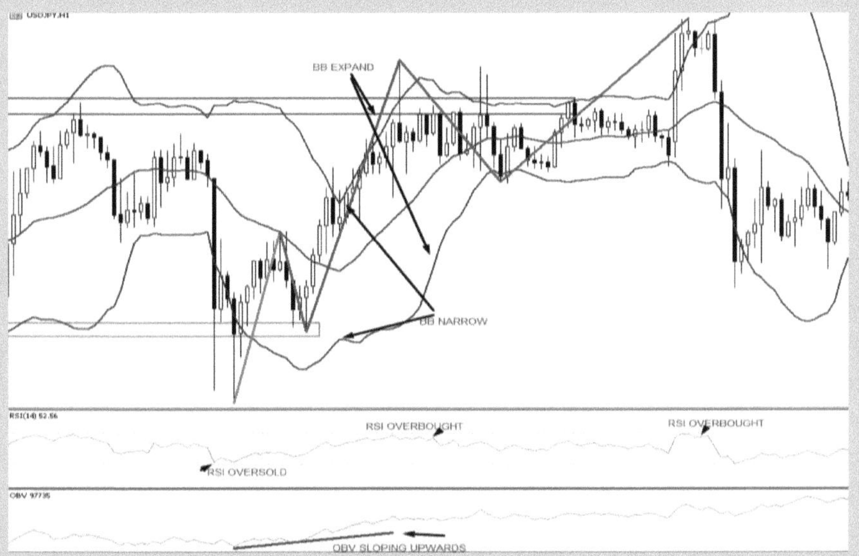

Diskussion

Entschuldigen Sie bitte die verwirrende Grafik oben. Der Hauptgrund, warum wir von der Verwendung zu vieler Indikatoren abraten, ist, dass sie verwirrend und irreführend sein können und außerdem die Charts unübersichtlich machen. Aber entschuldigen Sie mich für heute, denn ich musste alle Indikatoren in den Charts bündeln, damit wir sie alle auf einmal besprechen können. Denken Sie daran, dass Sie diejenigen auswählen müssen, die Sie für Ihr Trading am nützlichsten finden.

Bollinger-Bänder

Das BB hat einen gleitenden Durchschnitt in der Mitte. Ich habe meinen auf die Periode 21 eingestellt, damit er schneller auf den Preis reagieren und meine Eingaben bestätigen kann. Wir sind Daytrader, daher können MAs mit sehr geringer

Empfindlichkeit dazu führen, dass wir Handelsmöglichkeiten verpassen. Sehen Sie sich an, wo Welle 1 endete und Welle 2 begann. Ist der Kurs über den MA ausgebrochen? Nein! Daher hatten wir keine Erlaubnis zum Kauf. Der Kurs wurde zurückgewiesen und fiel auf die Unterstützung zurück, und die Welle 2 endete, während die Welle 3 begann. Diesmal durchbrach der Kurs den MA, da eine Kerze über ihm schloss. Daher hätten wir hier unseren Einstieg zum Kauf getätigt.

Zur gleichen Zeit, als der Kurs darum kämpfte, den 21 MA zu durchbrechen, lagen die Bänder des BB eng beieinander. Als jedoch der MA durchbrochen wurde, weiteten sich die Bänder aus. Dies ist eine weitere Bestätigung dafür, dass die Volatilität zugenommen hatte.

Sehen Sie schließlich auf dem BB, wo der Markt die äußeren Bänder berührt, wenn unsere Unterstützungs- und Widerstandszonen vorhanden sind? Es ist klar, dass diese Bereiche sehr stark sind, und der Markt verhält sich so, wie wir es erwarten würden. Sie können sehen, dass die Elliot-Wellen an diesen Punkten von Impuls- zu Korrekturwellen wechseln und umgekehrt.

RSI

Der RSI ist recht eindeutig. Sehen Sie sich an, wo Welle 1 begann. Einige Kerzen zuvor hatte der RSI den überverkauften Bereich (30) erreicht. Er sagte uns, dass wir einen neuen Trend erwarten sollten. Wie durch ein Wunder trat der Trend nach einigen Kerzen ein! Wir folgten jedoch nicht blind dem RSI, sondern warteten auf die Bestätigung durch die Kerzenmuster und den Abprall vom Unterstützungsbereich.

Sehen Sie sich an, wo Welle 3 endete. Der RSI befand sich eindeutig im überkauften Bereich (70) und fiel mit einer Widerstandszone zusammen. Daher hatten wir erwartet, dass der Markt sich verlangsamen und umkehren würde, um Welle 4 zu bilden. Wie von Zauberhand zog sich der Markt zurück, und wir hatten unsere Welle 4 gebildet! Als der RSI das nächste Mal das überkaufte Level berührte, hatte sich Welle 5 gebildet, und wir hätten unsere Gewinne mitgenommen.

OBV

Das OBV ist ebenfalls sehr einfach, aber sehr wirkungsvoll. Sie können sehen, dass es begann, höhere Hochs und höhere Tiefs zu bilden, als der Kurs auf unserem Unterstützungslevel war und als der vorherige Abwärtstrend endete. In diesem Bereich hatten wir also das Zusammenspiel aller unserer Indikatoren, dass ein neuer Trend begonnen hatte. Mit diesen Informationen im Hinterkopf sollten Sie nicht versuchen zu verkaufen, denn das würde dem Trend zuwiderlaufen. Die Tatsache, dass uns das OBV einen neuen Trend anzeigte, bedeutet auch, dass wir die Elliot-Welle in der Anfangsphase ihrer Entstehung erwischt haben. Wie Sie dem Indikator entnehmen können, handelte es sich bei der gesamten Bewegung um einen Aufwärtstrend, da keine Tiefstoder Höchststände gebildet wurden.

Zusammenfassung

Klopfen Sie sich auf die Schulter, wenn Sie den obigen Chart so interpretiert hätten. Mit den wenigen Lektionen, die Sie erhalten haben, sind Sie nun einer der besten Trader Ihrer Zeit. Ich hoffe, dass Sie jetzt glauben, dass der Handel nicht einfach ist, aber er kann vereinfacht werden. Für das ungeschulte Auge erscheinen all die Konzepte, die Sie studiert haben, wie griechische Alphabete. Aber Sie, der neue Trader, verstehen dank dieses Leitfadens jeden einzelnen Begriff. Jetzt müssen Sie sich nur noch die Zeit nehmen und diese Konzepte im Live-Handel mit Ihrem Demokonto anwenden. Konsequentes Üben ist der sicherste Weg, um Ihre Ausbildung zu verstehen und zu verinnerlichen. Bleiben Sie dran, denn schon bald werden Sie in der Lage sein, diese Gewinnchancen mit äußerster Leichtigkeit und Präzision zu erkennen.

Lassen Sie uns dieses Kapitel abschließen, indem wir gemeinsam ausrufen: *"Elliot-Wellen sind real!"*

KAPITEL 12
DAS ABCD-MUSTER

Das ABCD-Handelsmuster ist ein Verwandter der Elliot-Wellen in dem Sinne, dass es auf der Tatsache beruht, dass sich der Markt in einer organisierten Weise bewegt. Darüber hinaus ist es eine der profitabelsten Daytrading-Strategien, die es gibt. Da das Muster auf einer reinen Preisaktion basiert und der Marktstruktur folgt, ist es ein leistungsstarker Frühindikator.

Struktur

Das Muster verwendet Impuls- und Korrekturwellen, um die Zukunft des Marktes vorherzusagen. Die mit A, B, C und D bezeichneten Punkte stehen für bedeutende Höchst- und Tiefststände auf dem Markt. Wenn die Punkte A und B zusammenkommen, bilden sie eine Welle, die als "Bein" bezeichnet wird. Das Muster besteht also aus den Schenkeln AB, BC und CD, wobei AB und CD Impulswellen sind und BC eine Korrekturwelle darstellt. AB und CD sollten parallel zueinander verlaufen. Wir sagen die Zukunft des Marktes

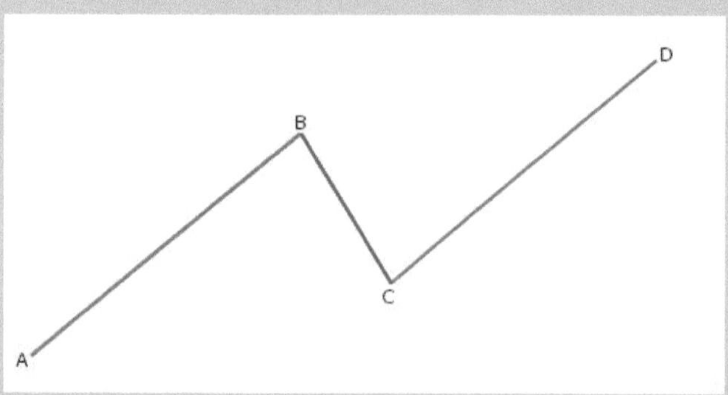

voraus, indem wir Trades am Ende des Schenkels CD und in Richtung BC platzieren.

o   Das Bein AB ist gleich dem Bein CD im "klassischen ABCD"-Muster.

o   Das Bein CD kann sich um 127,2 % oder 161,8 % nach dem Muster der "ABCD-Verlängerung" verlängern (zu den Prozentsätzen später mehr).

o   Die Zeit, die benötigt wird, um AB zu bilden, entspricht der Zeit, die benötigt wird, um CD im "klassischen ABCD"-Muster zu bilden.

o   Der Schenkel BC ist die Korrekturwelle und gibt die Richtung der Umkehr nach Abschluss des Schenkels CD an.

Bevor wir uns näher mit diesem Muster befassen, müssen wir ein wichtiges Instrument erörtern, das neben dem Muster zur besseren Analyse verwendet werden sollte. Es handelt sich dabei um die Fibonacci-Sequenz.

Die Fibonacci-Sequenz

Die Fibonacci-Sequenz ist ein weiteres wichtiges Konzept, das in der Marktanalyse verwendet wird. Es ist sehr wichtig bei der Identifizierung der potenziellen Unterstützungs- und Widerstandsbereichen, sowie die zukünftige Bewegung des Marktes. Es nutzt ein wenig Mathematik, um zu erklären, dass alles in der Natur ein Muster hat, das als goldener Schnitt bekannt ist und zur Erklärung von Dingen verwendet werden kann. Der Goldene Schnitt kann zum Beispiel verwendet werden, um die Anzahl der Adern in einem Blatt oder die Knochen eines Menschen zu zählen. Wir werden nicht zu sehr auf die mathematischen Herleitungen eingehen, da sie für unsere Lektion nicht sehr wichtig sind.

Retracement-Levels

Die Fibonacci-Methode verwendet sogenannte Retracement- und Extension-Levels, um den Markt zu analysieren.

Retracement-Levels sind die Punkte auf dem Markt, an denen sich ein Trend vom Haupttrend zurückzieht (Korrektur), bevor er die Gesamtrichtung wieder aufnimmt. Kurz gesagt, Retracement-Levels können uns mit größerer Genauigkeit sagen, wie weit Welle 2 und 4 in der Elliot-Welle gehen werden. Im ABCD-Muster geben diese Levels Aufschluss darüber, wie weit sich Bein BC im Verhältnis zu Bein AB bewegen wird.

Die Fibonacci-Retracement-Levels sind mit 0,236 (23,6%), 0,382 (38,2%), 0,500 (50%) und 0,764 (76,4%) angegeben. Sie werden sie besser verstehen, wenn wir sie in den Charts einzeichnen.

Extension-Levels

Auf der anderen Seite sagen uns die Extension-Levels, wie weit sich der Markt im Verhältnis zu einem vorherigen Schenkel in der Vergangenheit bewegen wird. Im ABCD-Muster können wir zum Beispiel vorhersagen, wie weit sich der Schenkel CD in Bezug auf den Schenkel AB bewegen wird. Wie wir in der Struktur des ABCD-Musters dargelegt haben, kann der Schenkel CD in einigen Fällen 127,2 % oder 161,8 % länger sein als der Schenkel AB. Das Fibonacci-Tool hilft dabei, diese Verlängerungen zu identifizieren.

Die Fibonacci-Extension-Levels sind 0 (0%), 0,382 (38,2%), 0,618 (61,8%), 1,000 (100%), 1,382 (138,2%) und 1,618 (161,8%).

Verwendung des Fibonacci-Tools

Um das Fibonacci-Tool zu verwenden, müssen Sie zunächst einige Swing-Highs und Swing-Lows auf dem Markt identifizieren. Ein Swing-High ist ein Punkt auf dem Markt, der mindestens 2 niedrigere Hochs auf jeder Seite hat. Kurz gesagt, es sollte eine dominante Kerze und zwei oder mehr Tiefststände auf ihrer rechten und linken Seite geben. Ein Swing-Low ist das Gegenteil eines Swing-Highs. Es handelt sich um eine Kerze, die auf jeder Seite 2 höhere Tiefs aufweist.

Um die Fibonacci-Levels darzustellen, verwenden Sie das Fibonacci-Retracement-Tool, das Sie oben rechts auf Ihrer MT5-Plattform finden. Es sieht wie folgt aus:

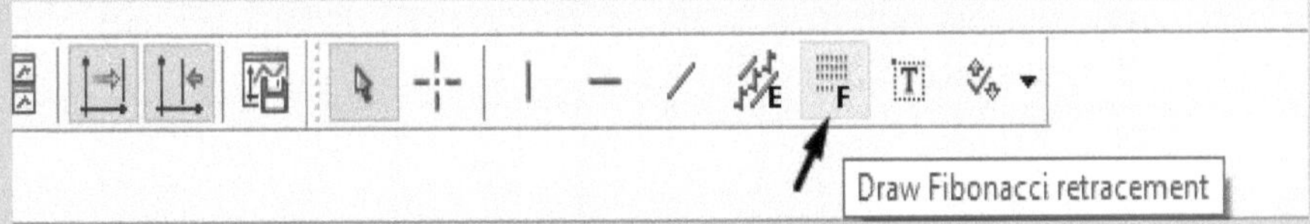

Retracement-Levels aufzeichnen

Denken Sie daran, dass ein Retracement-Level die Punkte bezeichnet, an denen der Kurs vom Haupttrend abweichen (Korrektur) könnte, bevor er den allgemeinen Trend wieder aufnimmt.

In einem Aufwärtstrend müssen Sie das jüngste Swing-High und das jüngste Swing-Low ermitteln. Wählen Sie das Fibonacci-Tool, klicken Sie darauf und ziehen Sie es vom Swing-High bis zum Swing-Low, und lassen Sie es dann los. Es zeichnet die Retracement-Levels für Sie ein (siehe unten):

Wie Sie sehen können, zog sich der Kurs nach dem Einzeichnen der Fibonacci-Retracements im Aufwärtstrend zurück und erreichte die 61,8%-Marke, wo er Unterstützung fand und zum Haupttrend zurückkehrte.

Um die Retracements während eines Abwärtstrends darzustellen, müssen Sie das Fibonacci-Tool verwenden und auf das letzte Swing-Low klicken und es bis zum letzten Swing-High ziehen. Ihr Chart sieht dann wie folgt aus:

Aus dem Bild ist ersichtlich, wie der Abwärtstrend bis zum 38,2 %- und 23,6 %-Level zurückging, bevor er seine ursprüngliche Hauptrichtung wieder aufnahm. Es ist klar, dass die Fibonacci-Levels als Unterstützungs- und Widerstandspunkte verwendet werden können.

Zeichnen von Extension-Levels

Die Fibonacci-Extension-Levels werden auf die gleiche Weise wie die Retracement-Levels dargestellt. Sie müssen Ihr Tool jedoch ein wenig anpassen, indem Sie die gewünschten Extension-Levels manuell hinzufügen. Befestigen Sie dazu das Tool an Ihrem gewünschten Chart. Doppelklicken Sie dann auf die diagonale Linie im Tool, um sie zu markieren. Daraufhin erscheinen drei kleine Quadrate auf der Linie. Klicken Sie dann mit der rechten Maustaste auf einen der Punkte und gehen Sie zu "Eigenschaften" > "Stufen". Suchen Sie die mit "100" bezeichnete Stufe.

Nun müssen Sie die Zahl unter 100 bearbeiten. Doppelklicken Sie in das erste Kästchen unter der 100 und ändern Sie es auf 138,2, und ändern Sie dann den Wert links daneben auf 1,382. Klicken Sie auf das Kästchen unterhalb von 138,2 und ändern Sie es auf 161,8. Ändern Sie auch das Level rechts daneben auf 1,618. Sie können nach Belieben Levels hinzufügen oder entfernen. Klicken Sie auf "OK", und die neuen Levels werden in Ihren Charts angezeigt.

Die Extension-Levels werden für Gewinnmitnahmen verwendet, da sie den Bereich anzeigen, in dem sich der Markt bewegen könnte, bevor er sich verlangsamt oder umkehrt. Hier ist ein Chart, der ein Extension-Level in einem Abwärtstrend zeigt:

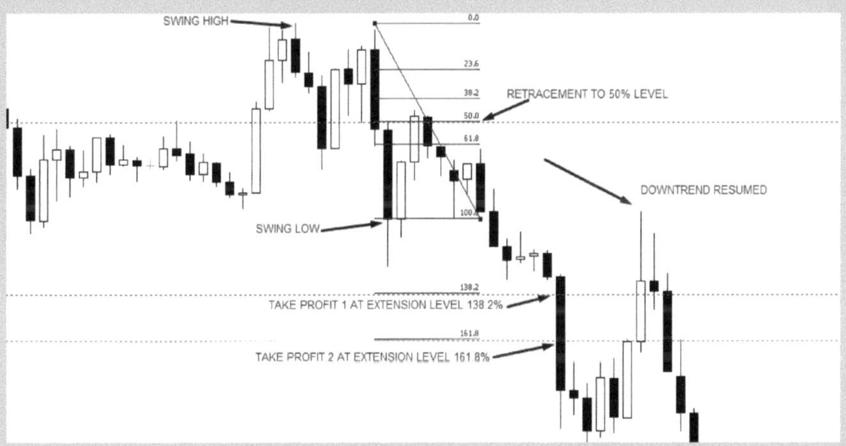

In der obigen Abbildung können Sie sehen, wie der Kurs nach der Retracement-Bewegung nach unten ging. Hätte ein Trader sein Take-Profit-Level entweder bei 138,2 oder 161,8 % platziert, hätte er seine Gewinne erzielt. Sie können auch sehen, wie die beiden Extension-Levels den Kurs für einige Zeit gehalten haben. Bitte beachten Sie, dass diese Linien eingezeichnet wurden, bevor sich der Kurs gebildet hatte, der Markt sie jedoch respektierte, als er sie erreichte. Das ist die Magie des Fibonacci-Tools!

Kehren wir nun zum ABCD-Muster zurück und sehen wir uns an, wie es mit dem Fibonacci-Tool kombiniert wird, um die besten Ergebnisse zu erzielen.

Klassisches ABCD-Muster

Das klassische bullische ABCD-Muster sieht wie das folgende Bild aus:

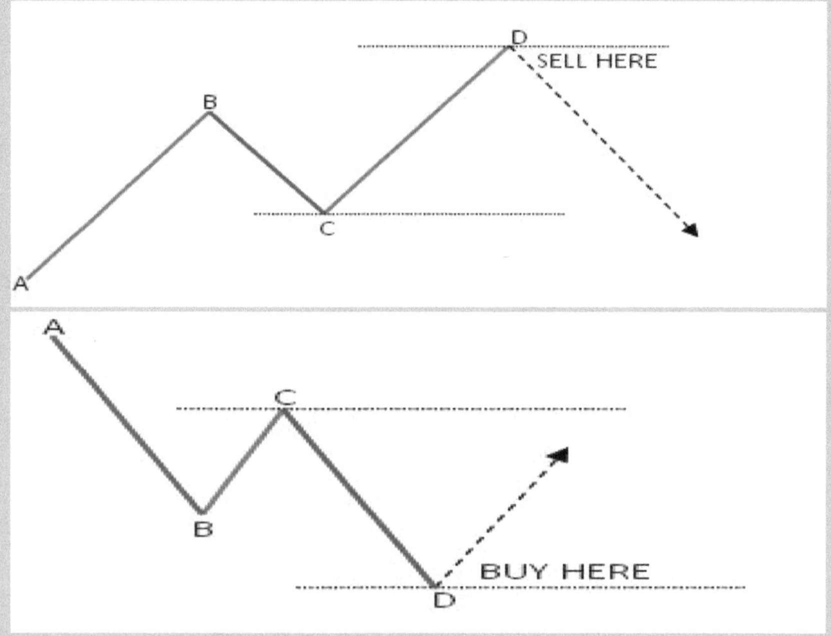

a) *Klassisches bärisches ABCD*   b) *Klassisches bullis ches ABCD*

In den obigen Bildern:

o   Die Länge von AB ist gleich der Länge des Schenkels CD
o   Die Zeit, die benötigt wird, um AB zu bilden, ist die gleiche, die benötigt wird, um CD zu bilden.
o   Punkt C sollte nicht in der Nähe von Punkt A liegen. Ebenso sollte Punkt D nicht in der Nähe von Punkt C liegen. Kurz gesagt, Sie sollten klare Swing-Punkte haben, die einen guten Trend anzeigen.

o   Das Bein BC sollte auf 127,2 % oder 161,8 % des BC zurückgehen. Da wir einen Aufwärtstrend haben, würde die Fibonacci-Linie von Punkt B (Swing-High) bis zu Punkt A (Swing-Low) gezogen werden. Wenn sich der Markt dann entfaltet, prallt er an C (Retracement-Level) ab und fährt fort, das Bein CD zu bilden. Sobald der Trader sicher ist, dass der klassische ABCD abgeschlossen ist, kann er bei Punkt D (Umkehrung in einen Abwärtstrend) einen Verkauf tätigen.

Erweitertes ABCD-Muster

Ein erweitertes ABCD-Muster unterscheidet sich vom klassischen ABCD-Muster dadurch, dass der Schenkel CD um 127,2 % bis 161,8 % länger sein kann als der Schenkel AB. Auch die Zeit, die zur Bildung von CD benötigt wird, kann sich um die gleichen Prozentsätze verlängern. Dieses Muster sollte in etwa wie folgt aussehen:

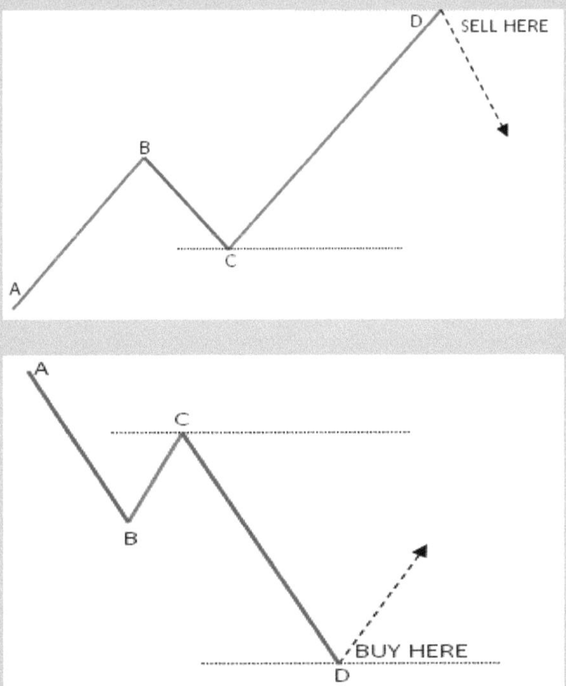

a) Erweitertes bärisches ABCD   b) Erweitertes bullisches ABCD

Hier sind zwei Beispiele für das ABCD-Muster in den Charts.

Erweitertes rückläufiges ABCD-Muster

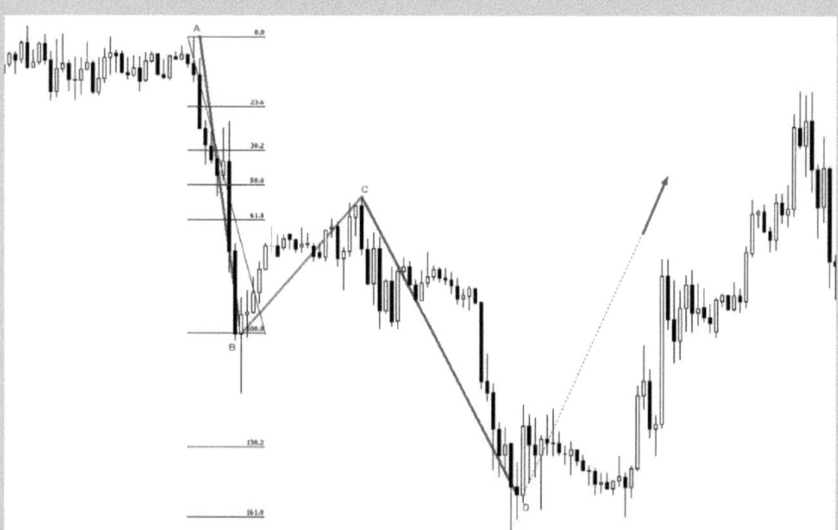

Klassisches bullisches ABCD-Muster

Handel mit dem ABCD-Muster

Sie können einige der anderen Instrumente wie Unterstützung und Widerstand zu Ihrem ABCD-Muster-Handelsstil hinzufügen, um die Genauigkeit der Wendepunkte zu verbessern. Je stärker eine Zone ist, desto wahrscheinlicher ist es, dass Ihr Bein genau ist. Fibonacci-Levels funktionieren auch gut, wenn sie mit Unterstützungs- und Widerstandszonen kombiniert werden. Das Zusammenlaufen von Wendepunkten oder Einstiegspunkten kann durch die Kenntnis von Kerzenformationen oder einigen Indikatoren verbessert werden. Achten Sie jedoch darauf, dass Sie nicht zu viele Instrumente in Ihren Charts haben, da dies zu einer Lähmung der Analyse führen kann.

Es ist sehr wichtig, dass Sie sich immer vor Augen halten, dass keine Handelsstrategie narrensicher ist. Auch wenn Sie die beste Analyse haben und die vielversprechendsten Handelssignale finden, kann es sein, dass der Markt Sie ignoriert und sich Ihnen widersetzt. Um sich vor übermäßigen Verlusten zu schützen, sollten Sie daher immer einen schützenden Stop-Loss-Auftrag erteilen, unmittelbar nachdem Sie einen Handel platziert haben. Das ABCD-Muster macht die Platzierung des Stop-Loss sehr einfach. Sie müssen nur eine Zone unterhalb oder oberhalb von Punkt D identifizieren und ihn dort platzieren. Das erste Take-Profit-Level kann bei C platziert werden. Ein zweites Take-Profit-Level kann bei A oder dort platziert werden, wo Ihr Fibonacci-Extension-Level mit einem starken Unterstützungs- oder Widerstandslevel zusammenfällt.

Zusammenfassung

Wie hat Ihnen diese Lektion gefallen? War sie so fesselnd und informativ, wie ich es empfand, als sie mir zum ersten Mal beigebracht wurde? Ich hoffe, dass Sie es auch so empfunden haben.

Wie immer möchte ich zwei Dinge betonen: Erstens, Sie haben die Freiheit zu wählen, welche Tools für Sie funktionieren. Mein Ziel war es, Ihnen die besten Werkzeuge für das Daytrading zu zeigen, damit Sie eines oder zwei oder alle davon auswählen können! Zweitens sollten Sie so viel Zeit wie möglich in die Anwendung dieser Strategien investieren. Einige von ihnen, wie die Elliot-Wellen und das ABCD-Muster, benötigen viel Zeit, um sich zu bilden. Üben Sie sich also in Geduld und seien Sie nicht enttäuscht, wenn ein Muster fehlschlägt oder es zu lange dauert, bis es Ihnen ein Signal gibt. Mit der Zeit werden Sie erkennen, wie wichtig es ist, nur die besten Handelssignale zu nehmen und den Rest liegen zu lassen.

>> KAPITEL 13 <<
RISIKOMANAGEMENT

Jetzt, wo Sie ein qualifizierter Trader sind, werden Sie auf Leute stoßen, die Ihnen sagen, dass Daytrading ein Glücksspiel ist. Ich war immer wütend oder enttäuscht, wenn mir das gesagt wurde. Nach einigen Überlegungen wurde mir klar, dass sie gleichzeitig recht und unrecht hatten. Sie hatten recht, weil die Handelsbranche den großen Akteuren mehr nützt als den kleinen Spekulanten. Wie bei allen Arten von Glücksspielen gewinnen die Casinos immer. Der Teil, in dem sie unrecht hatten, ist, dass es von den Ansätzen abhängt, die die einzelnen Trader im Kampf mit den großen Jungs anwenden, und hier kommt der Aspekt des Risikomanagements ins Spiel.

Risikomanagement ist einfach der Aspekt der Risikokontrolle und der Sicherstellung, dass Sie einen Vorsprung auf dem Markt haben. Kurz gesagt, Sie müssen Maßnahmen ergreifen, die nicht nur Ihre Gewinne verbessern, sondern auch sicherstellen, dass Ihre Verluste unbedeutend sind. Denken Sie daran, dass in der Handelsbranche Verluste ein fester Bestandteil des Prozesses sind. Ihre Verluste müssen jedoch so gering wie möglich gehalten werden, damit Ihr Portfolio auf lange Sicht immer Gewinne abwirft. In meinen vielen Jahren im Handel bin ich zu dem Schluss gekommen, dass viele Trader, die am Ende verlieren und aufgeben, diejenigen sind, die das Risikomanagement ignorieren.

Im Folgenden finden Sie einige der Methoden, die ich im Laufe der Jahre gelernt habe und die Ihnen helfen können, Ihre Risiken zu beherrschen und immer auf der Gewinnerseite zu stehen.

Folgen Sie dem Trend

Ich habe dieses Konzept in diesem Buch mehr als oft genug wiederholt. Nutzen Sie Ihr erlerntes Wissen über die Identifizierung von Höchst- und Tiefstständen des Marktes, um zu wissen, wohin der Trend geht. Nutzen Sie Indikatoren wie den Moving Average oder das OBV, um mehr Klarheit über die Marktrichtung zu erhalten. Es ist selbstmörderisch, sich dem allgemeinen Trend zu widersetzen.

Verwenden Sie einen Stop-Loss

Ein Stop-Loss steuert, wie viel Sie bei jedem Handel zu riskieren bereit sind. Erstens: Handeln Sie nie ohne Stop-Loss! Zweitens müssen Sie wissen, wo Sie den Stop-Loss platzieren müssen, damit er weder zu nah noch zu weit von Ihrem Einstieg entfernt ist. Ein kleiner Stop-Loss-Abstand kann zu früh erreicht werden, während ein großer Stop-Loss-Abstand zu übermäßigen Verlusten führen kann.

Angemessenes Verhältnis von Risiko und Ertrag

Das Risiko-Ertrags-Verhältnis ist der beste Ansatz für das Risikomanagement, um Gewinne zu erzielen. Dabei werden Stop-Loss- und Take-Profit-Aufträge gemeinsam verwendet. Die Idee dieses Ansatzes besteht darin, die Take-Profit-Ebenen mindestens zwei Mal weiter als den Stop-Loss zu platzieren. Kurz gesagt, wenn Ihr Stop-Loss-Abstand 20 Pips beträgt, platzieren Sie Ihr Take-Profit-Level mindestens 40 Pips entfernt.

Sie sollten das Risiko-Ertrags-Verhältnis berücksichtigen, bevor Sie einen Handel eingehen. Schauen Sie sich Ihre Analyseinstrumente wie Unterstützung und Widerstand, Fibonacci, ABCD-Beine und Elliot-Wellen an, um zu sehen, welche Trades ein besseres Risiko-/Ertragspotenzial haben. Wenn ein Handel ein 1:1-Verhältnis aufweist (gleicher Abstand zwischen Stop-Loss und Take-Profit), sollten Sie ihn ignorieren.

Nehmen Sie nur die Trades mit einem Risiko-Ertrags-Verhältnis von 1:2 oder 1:3. Sie fragen sich, warum?

Das Konzept ist einfach: Wenn Sie einen Handel im Verhältnis 1:3 platzieren und dieser gewinnt, wären drei Verlustgeschäfte erforderlich (wenn der Stop-Loss erreicht wird), um den gesamten Gewinn zu verlieren, den Sie erzielt haben. Selbst wenn Sie also nur 3 von 5 Geschäften gewinnen würden, wären Sie immer noch im Gewinn.

Richtige Positionsgrößenbestimmung verwenden

Die Positionsgrößenbestimmung bezieht sich darauf, wie viel Ihres Kapitals Sie auf einen Schlag riskieren. Im Allgemeinen raten wir immer, dass jeder Handel nicht mehr als 2 % Ihres Handelskapitals riskieren sollte. Das heißt, wenn Sie 200 $ auf Ihrem Handelskonto haben, sollte Ihr Stop-Loss nicht mehr als 4 $ riskieren. Es wären 50 Verluste nötig, um Ihre gesamten 200 $ zu verlieren. Haben Sie das verstanden?

Nehmen wir nun an, dass Sie pro Handel 20 $ riskieren. Sie müssten nur zehnmal verlieren, und Ihr Konto wäre leergefegt. Halten Sie daher die Positionsgröße sehr klein.

Verwenden Sie eine minimale Hebelwirkung

Die Hebelwirkung ist als zweischneidiges Schwert im Online-Handel bekannt, da sie einem Handel in kurzer Zeit viel Gewinn bringen oder in der gleichen Zeitspanne ebenso viel Geld abziehen kann. Mit dem Hebel können Sie sich mehr Geld von Ihrem Broker leihen und mehr oder größere Trades platzieren. Um auf Nummer sicher zu gehen, sollten Sie einen minimalen Hebel verwenden, damit Ihr Risiko unbedeutend ist. Bei einem Hebel von 1.000 bedeutet dies, dass der Broker Ihnen für jeden Dollar, den Sie haben, 1.000 Mal mehr Geld leihen kann. Wenn Sie einen Handel mit einem so hohen Hebel abschließen, dauert es nur wenige Sekunden, bis Ihr Konto leergefegt ist. Verwenden Sie eine minimale Hebelwirkung, die es Ihnen ermöglicht, weniger als 2 % Ihres Handelskapitals pro Handel zu riskieren.

Vermeiden Sie Overtrading

Der Handel macht süchtig; sagen Sie nicht, Sie seien nie gewarnt worden! Es ist ein großartiges Gefühl, seine Arbeit zu lieben, aber wenn sie zur Sucht wird, dann gibt es ein Problem. Versuchen Sie, Ihre Handelszeiten zu kontrollieren, sodass Sie nicht ständig mit den Charts beschäftigt sind. Legen Sie, wie bei einem normalen Job, die beste Zeit für den Handel fest. Recherchieren Sie ein wenig über den Markt, auf dem Sie handeln werden, und finden Sie die beste Zeit für den Handel heraus. In den meisten Fällen wird am besten gehandelt, wenn die Mehrheit der Trader aktiv ist, da dann genügend Volatilität und Volumen vorhanden sind, um gute Trends zu entwickeln. Sobald Sie Ihre täglichen Handelsziele erreicht haben, beenden Sie Ihren Handelstag und warten Sie auf den nächsten Tag.

Kontrollieren Sie Ihre Emotionen

Der letzte und sehr wichtige Trick beim Risikomanagement besteht darin, Ihre Emotionen voll unter Kontrolle zu haben. Die Märkte werden von der menschlichen Psychologie gesteuert; daher können Sie sich einen Vorteil bei Ihrem Handel verschaffen, wenn Sie verstehen, wie die Märkte funktionieren. Davon haben Sie in diesem Buch genug gelernt. Auf persönlicher Ebene gibt es drei Arten von Emotionen, die Sie unter Kontrolle halten müssen, wenn Sie beim Daytrading erfolgreich sein wollen:

- Angst

Wir sind uns einig, dass der Handel eine risikoreiche Karriere ist, da es darum geht, Geld aufs Spiel zu setzen. Daher werden Sie zu einem bestimmten Zeitpunkt Ihres Handels, vor allem, wenn Sie zum ersten Mal mit einem echten Konto handeln, vielleicht Angst davor haben, Trades zu platzieren. Das ist normal, aber Sie sollten nicht zulassen, dass dies Ihre Handelsaktivitäten kontrolliert, da dies zu verpassten Handelsmöglichkeiten führen kann.

Der Grund dafür, dass Ihnen einige der besten Handelsstrategien beigebracht wurden, ist, dass Sie in der Lage sein sollten, Ihre Geschäfte mit Zuversicht zu tätigen. Wenn Sie eine genaue Analyse durchführen und die richtigen Grundsätze für das Risikomanagement anwenden, dann sollten Sie sich keine Sorgen um Ihre Geschäfte machen müssen.

- Selbstüberschätzung

Sie sollten auch das Maß an Vertrauen, das Sie haben, kontrollieren. Zu viel Vertrauen könnte Sie vergessen lassen, dass der Markt unbarmherzig ist und niemandem gehorcht. Wenn Sie die Regeln vergessen, könnten Sie verfrühte Signale annehmen, sich auf automatisierte Systeme verlassen, die richtige Positionsgröße außer Acht lassen und sich generell mehr Risiken aussetzen.

Seien Sie selbstbewusst, aber halten Sie sich an die Schutzvorschriften, die Ihnen zur Verfügung stehen.

- Gier

Sobald Sie anfangen, Geld zu verdienen, und ich versichere Ihnen, dass Sie das tun werden, sollten Sie nicht gierig sein. Übermäßiges Selbstvertrauen kann zu Gier führen. Es kann sein, dass Sie zu viel von Ihrem Konto riskieren, viele Geschäfte platzieren, zu viel handeln und Ihre Hebelwirkung auf der Suche nach mehr Dollar erhöhen. Das mag für eine kurze Zeit funktionieren, aber schließlich wird ein einziger dummer Fehler Sie auf die schlechte Seite des Marktes bringen, und das könnte Sie mit tiefen psychologischen Wunden und einer leeren Brieftasche zurücklassen. Wer will das schon?

Das Risikomanagement ist für Ihren Handel ebenso wichtig wie die Strategie. Sie können die beste Strategie der Welt haben, aber ohne ein angemessenes Risikomanagement werden Sie am Ende Verluste erleiden. Jeder Beruf auf der Welt hat seine eigenen Regeln, die die Sicherheit und die Erfahrung der Arbeitnehmer regeln. Beim Online-Handel ist das nicht anders: Sie müssen ein Risikomanagement anwenden. Wenn Sie so viele dieser Konzepte wie möglich anwenden, werden Sie feststellen, dass der Handel sehr einfach ist. Darüber hinaus wird durch das Risikomanagement der Glücksspielaspekt des Handels ausgeschaltet.

KAPITEL 14
ERSTELLUNG IHRES HANDELSPLANS

Unser letztes Kapitel ist dem Ziel gewidmet, Ihnen zu helfen, alles in einem einzigen Paket zu verpacken und Ihre Organisation als Daytrader zu verbessern. Ein ernsthafter Trader braucht einen Handelsplan. Dies ist eher eine persönliche Handelsverfassung, die jeden Aspekt Ihres Handelslebens definiert. Er legt fest, warum Sie Trader sind und wie Sie jederzeit handeln sollten. Der Handelsplan dient als Checkliste, die erfüllt werden muss, bevor Sie auf den Kauf- oder Verkaufsknopf drücken.

Es gibt keine eindeutige Vorlage für einen Handelsplan, da jeder Trader aufzeichnet, was er für den Handel als hilfreich empfindet. Das macht den Handelsplan jedoch nicht optional, er ist ein Muss! Außerdem muss er schriftlich festgehalten werden und den Respekt erhalten, den eine Verfassung verlangt.

Hier sind einige der Elemente, die in einen Handelsplan aufgenommen werden sollten.

Warum sind Sie Trader?

Die erste Komponente in Ihrem Handelsplan sollte sich mit Ihnen selbst befassen. Sie müssen eine klare Motivation haben, warum Sie Trader sein wollen. Ist es die finanzielle Freiheit? Lieben Sie die Freiberuflichkeit? Machen Ihnen Chefs Angst? Was auch immer Ihre Motivation sein mag, schreiben Sie sie auf, denn sie wird Ihnen helfen, auch in schwierigen Zeiten durchzuhalten.

Was werden Sie handeln?

Sie müssen den Markt und die Finanzinstrumente, mit denen Sie handeln wollen, sehr genau kennen. Wenn Sie sich für den Handel mit Aktien, binären Optionen, Futures, Kryptowährungen oder Devisen entscheiden, listen Sie diese auf. Grenzen Sie Ihre Definition weiter ein und listen Sie die spezifischen Instrumente auf, mit denen Sie innerhalb des von Ihnen gewählten Marktes handeln werden. Wenn Sie beispielsweise mit Kryptowährungen handeln wollen, werden Sie sich für Bitcoin oder Etherium entscheiden?

Wie werden Sie sich selbst bewerten?

Jedes Unternehmen muss seine Leistung bewerten und wissen, ob es Gewinne oder Verluste macht. Auch Sie müssen sich etwas einfallen lassen, um festzustellen, ob Sie wachsen oder nicht. Sie können beschließen, Ihre Bewertung nach einer Reihe von Geschäften oder nach bestimmten Zeiträumen durchzuführen.

Definieren Sie Ihre Handelsstrategie

Sie sollten alle Bestandteile Ihrer Handelsstrategie auflisten und sicherstellen, dass Sie diese einhalten, bevor Sie einen Handel durchführen. Führen Sie auf, wie Sie Ihre Analyse von der Analysephase bis zum Abschluss eines Geschäfts durchführen werden. Wenn Sie Indikatoren verwenden, definieren Sie diese und erläutern Sie, wie Sie sie einsetzen werden.

Vergessen Sie nicht, Stop-Loss und Take-Profits zu berücksichtigen.

Wann werden Sie handeln?

Ein Trader muss so ordentlich sein, dass er weiß, wann er an seinem Handelstisch sein wird oder nicht. Wenn Sie beschließen, morgens zu arbeiten oder wenn bestimmte Märkte geöffnet werden, sollten Sie dies in Ihrem Handelsplan vermerken. Vergewissern Sie sich, dass Sie nicht zu einer Zeit an den Charts sind, zu der Sie laut Plan woanders sein sollten.

Wie viel werden Sie investieren?

Wenn Sie sich entschließen, Geld bei einem Broker einzuzahlen, damit Sie in den Handel einsteigen können, sollten Sie wissen, wie viel Geld Sie sich für den Handel leisten können. Investieren Sie anfangs nur so viel, wie Sie sich leisten können, ohne den Verstand zu verlieren. Mit zunehmender Erfahrung können Sie Ihr Kapital erhöhen.

Auch die Positionsgröße sollte hier eine Rolle spielen. Sie müssen entscheiden, wie viel Geld Sie pro Handel riskieren wollen. Stellen Sie sicher, dass Sie sich an die Regeln für das Geldmanagement halten, die Sie sich ausgedacht haben, ganz gleich, wie verlockend ein Handelssetup aussieht.

Wer wird Ihr Broker sein?

Die Wahl des Brokers, für den Sie sich entscheiden, ist entscheidend für Ihren Handelserfolg. Recherchieren Sie gründlich, mit welchem Broker Sie am besten zusammenarbeiten. Einige Eigenschaften eines guten Brokers sind:

o   Sie werden von einer zuständigen Währungsbehörde reguliert.

o   Sie bieten alle Instrumente an, die Sie für den Handel benötigen.

o   Sie sind günstig in Bezug auf Provisionen und andere Gebühren.

o   Sie sind in jeder Hinsicht seriös.

o   Sie sind jederzeit erreichbar, wenn Sie sie brauchen.

Was sind Ihre Stärken und Schwächen?

Schließlich müssen Sie sich selbst bewerten und feststellen, welche Ihrer Eigenschaften Sie zu einem besseren Trader machen und welche Ihr Potenzial einschränken. Wenn Sie Ihre Stärken kennen, bleiben Sie motiviert und können sich besser auf Ihre Stärken konzentrieren. Wenn Sie hingegen Ihre Schwächen erkennen, werden Sie wissen, was Sie verbessern müssen. Sie werden ein besserer Trader werden, wenn Sie an mehr Ihrer Einschränkungen arbeiten.

Dies sind nur einige der Elemente, die Sie in Ihren Handelsplan aufnehmen können. Sie können nach Belieben weitere Elemente hinzufügen, solange sie für Ihre Handelskarriere von Nutzen sind. Das Wichtigste ist jedoch, dass Sie die Regeln in Ihrer Satzung bis zum Ende befolgen. Wenn Sie sie nur aufstellen und dann aufhören, ist das so gut, als würden Sie ein gutes Handelssetup sehen und es auf sich beruhen lassen. Eines Tages, wenn Sie ein erfolgreicher Trader sind, werden Sie auf dieses Kapitel zurückblicken und stolz darauf sein, dass Sie genau in dem Moment mit der Erstellung Ihres Handelsplans begonnen haben, als Ihnen klar wurde, dass dies die letzte Seite in Ihrem Buch ist :)

 # **FAZIT** 

Vielen Dank, dass Sie bis zum Ende des Buches durchgehalten haben. Wir hoffen, es war interessant und informativ und hat Ihnen das nötige Know-how vermittelt, um Ihre Ziele im Daytrading erfolgreich zu erreichen.

Dieses Buch wurde so verfasst, dass es Ihnen Spaß macht, den Online-Handel zu studieren, den viele Menschen als zu kompliziert empfinden. Es vereint viele Jahre Erfahrung und fasst das nützlichste Wissen zusammen, damit jeder erfolgreich an den Märkten handeln kann. Wir könnten viel sagen, aber das Wichtigste ist, dass Sie am Ende ein profitabler Trader sind, ohne zu leiden, wie es die meisten Trader tun.

Der nächste Schritt besteht darin, all diese Konzepte in die Praxis umzusetzen. Der Handel ist ein praktischer Beruf, und Ihr Erfolg hängt stark davon ab, wie viel Erfahrung Sie gesammelt haben. Setzen Sie daher alle Lektionen in diesem Buch in Ihrem MT5 in die Praxis um. Sie werden sie verinnerlichen und feststellen, dass es nicht nur einfach ist, sondern auch Spaß macht, mit ihnen gewinnbringende Trades zu erkennen. Wenn Sie weiter üben, werden Sie sich für die besten Lektionen entscheiden, die Sie in Ihrem Handelsalltag anwenden können.

Wenn Sie dieses Buch in irgendeiner Weise als nützlich empfunden haben, würde ich mich freuen, wenn Sie es weiter empfehlen und auf Amazon rezensieren könnten. Ich danke Ihnen im Voraus für Ihre Aufmerksamkeit.

Ich wünsche Ihnen alles Gute für den Start Ihrer erfolgreichen Daytrading-Karriere. Nochmals vielen Dank!

NEHMEN SIE IHR GESCHENK

Als Dankeschön für Ihren Kauf,

Ich biete **3 <u>EXTRA BONI</u>**:

- ✓ Glossar der Fachbegriffe
- ✓ Excel-Modelle für die Portfolioverwaltung
- ✓ Buch (PDF - vollfarbig) zu diesem Buch

Scannen Sie den QR-Code mit Ihrem Mobiltelefon und

Fordern Sie jetzt Ihr **GESCHENK** an!

WENN IHNEN DIESES BUCH GEFÄLLT, HELFEN SIE MIR, INDEM SIE EINE REZENSION AUF AMAZON HINTERLASSEN!

<u>Scannen Sie den QR-Code</u> mit Ihrem Mobiltelefon und Sie konnen sofort eine Bewertung abgeben,

oder

1 Gehen Sie zu **Amazon** und klicken Sie auf "Meine Bestellungen".

2 Suchen Sie nach <u>**diesem Buch**</u> und klicken Sie, um zu den Details zu gelangen

3 Scrollen Sie nach unten und klicken Sie auf <u>Kundenrezension verfassen</u>

<u>*Teilen Sie die Seiten, die Ihnen am besten gefallen haben*</u>
<u>*und veroffentlichen Sie sie in den Bewertungen.*</u>

<u>*Herzlichen Dank! Wir sehen uns bald wieder.*</u>

Um sicherzustellen, dass Sie **kein neues Buch verpassen, folgen Sie meiner Autorenseite auf Amazon**

https://www.amazon.de/Mark-Swing/e/B082MMQ6SM/

oder scannen Sie diesen QR-Code mit Ihrem Mobiltelefon

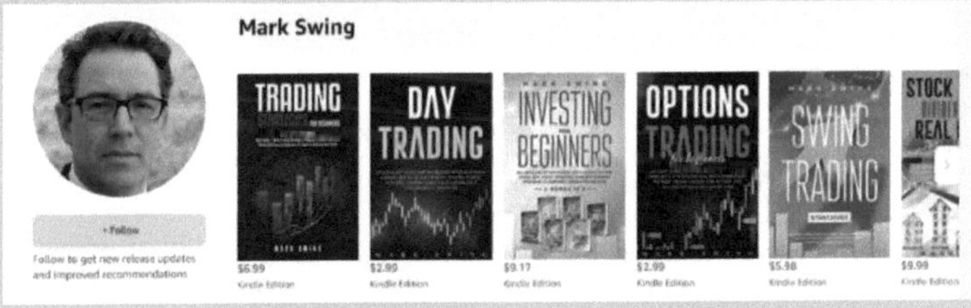

Ich schätze Ihr Feedback sehr und lade Sie ein, mir per E-Mail an markswingtrading@gmail.com alle Fehler oder Ungenauigkeiten mitzuteilen, auf die Sie im Buch stoßen. Ihre Erkenntnisse sind von unschätzbarem Wert für meine ständigen Bemühungen, das Leseerlebnis zu verbessern und eine noch bessere Version zu erstellen.